创新创业课程　教与学

主　编　谢　强　马明胜　付士静

参　编　龙见焯　孙　乐　富金涛　朱　兰

机械工业出版社
CHINA MACHINE PRESS

本书是创新创业基础课程教材，针对课前、课中、课后的学习实践需求和过程性学习管理要求进行学习任务的设计，体现"以学生学习为中心"的教学理念。

　　全书主要内容包括：双创启蒙、创新探索、发现机会、商业模式、创业风险、创业资源、项目创新、创业团队、创业计划、创业资金、创办企业。

　　本书适合作为创新创业基础教材使用，也可供创新创业相关人员自学和参考。

图书在版编目（CIP）数据

创新创业课程：教与学 / 谢强，马明胜，付士静主编 . —北京：机械工业出版社，2019.8（2025.4 重印）

ISBN 978-7-111-63431-7

Ⅰ . ①创… Ⅱ . ①谢… ②马… ③付… Ⅲ . ①创业—高等学校—教材 Ⅳ . ① F241.4

中国版本图书馆 CIP 数据核字（2019）第 167057 号

机械工业出版社（北京市百万庄大街 22 号　邮政编码 100037）
策划编辑：韩效杰　责任编辑：韩效杰　汤　嘉
责任校对：张莎莎　封面设计：鞠　杨
责任印制：张　博
北京雁林吉兆印刷有限公司印刷
2025 年 4 月第 1 版第 12 次印刷
184mm×260mm · 10.5 印张 · 179 千字
标准书号：ISBN 978-7-111-63431-7
定价：39.00 元

电话服务　　　　　　　网络服务
客服电话：010-88361066　机 工 官 网：www.cmpbook.com
　　　　　 010-88379833　机 工 官 博：weibo.com/cmp1952
　　　　　 010-68326294　金 　书 　网：www.golden-book.com
封底无防伪标均为盗版　机工教育服务网：www.cmpedu.com

前　言

教材，是用于教师教的还是用于学生学的？我一直在思考这个问题，特别是创新创业课程的教材。

创新创业教育的指向是以推进素质教育为主题，以提高人才培养质量为核心，以创新人才培养机制为重点，以完善条件和政策保障为支撑，促进高等教育与科技、经济、社会紧密结合，加快建设规模可观、富有创新精神、勇于投身实践的创新创业人才队伍。这就要求创新创业的课程教学体现素质性、通识性、基础性、实践性等特征，应以创业的逻辑和要素为脉络支撑，重在学生可迁移能力和素质的培养，为学生今后更好地融入社会、实现自我价值做准备。

本教材较为朴实地运用了社会建构主义（Social Constructivism）学习理论和基于学习产出的教育模式（Outcome Based Education，OBE）教育理念，在教材中实现了对实践教学的引领性应用，突出了以学生为主体、以教师为主导的教学特色，使学生能够在教师的引导下，用自己的行为和思考完成创新创业课程的学习和自我成长，用自己的实践和智慧编写属于自己的创新创业教材。这种方式既方便了教师的教，更有利于学生的学，可以实现教师好用、学生会学、学有所得的教材应用效果。

本教材强调了创新创业教育课程内容的连贯性与系统性，以问题为导向，将课内和课外的教学训练和实践有机结合；在体现教学的过程性管理的同时，还突出了学生的实践、应用、内化与反思，是创新创业教育改革的创新性尝试。

本教材在知识方面突出了实用性而非研究性，利用移动学习技术又补充了知识的系统性和全面性，适合在有限的课程学习时间内，各类教学群体的不同需求，使教材的应用具有了良好的可拓展性和可操作性。

本教材通俗易懂，便于教学管理和运用，适用于普通高等学校和高等职业院校开展创新创业教育的课程教学。

谢强

2019 年 7 月于北京

写在开始学习之前

【我要学习了】

我们都有一个美丽的梦想，谁不想梦想成真呢？

实现梦想的道路就在我们的脚下，我们只能一步一步地走向理想的远方。这里没有捷径，只有深深的脚印和辛勤的汗水。

在科技高速发展、社会不断变革的今天，"大众创业、万众创新"已经成为时代的主旋律，我们要伴着这个主旋律起舞。在我们青春的舞姿中，展示最有活力的年华，也奠定今后发展的基石。

不论你今后是打算创办属于自己的企业，还是要做人民的公仆，亦或在一个单位平稳度过，甚至是做一个背包客去游历世界，你都将看到不同的人，遇到不同的事，感受到自己不同的心情与成长。为此，没有什么能比创新创业教育能为你做好更充分地迎接未来的准备了。

这里学到的知识只属于你，这里锻炼的技能只属于你，这里培养的素质只属于你，这里养成的思维模式也只属于你。正因为如此，你才与众不同，你才是你，你才能做到赠人玫瑰，手有余香。

【我要怎么学】

学习是自己的事情，老师教了并不意味着你学到了。因为知识就在那里，绝不是因为老师在课堂上教了你才会，是因为你想学了，在学习的过程中你思考了，领悟了，实践了你才会。为了能得到最佳的学习效果，取得最好的学习成果，建议你：

1. 准备一个笔记本，用于课堂笔记、思考练习、作业实践等，课程结束后，你会发现自己完成了只属于你自己的《创新创业课程教材》。

2. 与2~4个同学组成一个学习小组，最好他们是生活背景不同、性格迥异、个性鲜明、各有特长的，他们将是你的学习伙伴、学习对象和成长参照。

3. 课堂上的时间是有限的，不要指望老师在课堂上能教你多少。老师的作用是引导你，帮助你，促进你的学习，更多的是要靠你自己。

4. 教是为了学，学是为了用，这就是"学以致用"。不要等到需要用的时候再学，学完要马上用，马上去实践，要主动去寻找应用所学的场景，体现与验证你的所学。在验证中，你会发现还有很多知识需要学、还有很多知识应用不到位，这才会感觉到有更多的精彩与美好有待你去发现与创造。

5. 为了能利用信息化手段更好地学习，一台电脑和一部手机也是必不可少的。

【我的成绩会怎样】

创新创业课程的成绩对你很重要吗？

那么，请从现在开始就做好准备。记住，你的成绩取决于你的努力，同时还要看其他同学是否比你还要努力。如果一位同学比你还要努力，你的成绩比他高，就没有道理了。那么，加油吧，你的成绩来源于以下几个途径，还有可能更多。

1. 课堂发言的积极性与回答问题的质量；

2. 你所在小组课堂教学活动中的活跃程度和学习分享的质量；

3. 你在小组中的表现与贡献；

4. 你自己作业的质量；

5. 你所在小组作业的质量；

6. 课程项目成果的质量与展示效果；

7. 你对同学的帮助和他们对你的反馈。

【谁能帮我学】

学习是自己的事情，能学到多少、学会多少、会用多少、能用好多少，这就是学习的效果与成果，这些原则上都取决于你自己的努力。但是，有些人和事可以帮你学得更好、更轻松、更有效。

1. 老师可以给你知识的框架、知识的逻辑和重点知识的说明；

2. 同学可以与你分享他们的智慧与灵感；

3. 导师可以从实践应用的角度对你进行指点；

4. 家长可以用他们的阅历，弥补你的幼稚；

5. 你的研究样本可以让你看到一个创新创业项目的全貌；

6. 国家政策、行业资讯、分析报告等可以让你明确方向；

7. 都市喧嚣、人情冷暖、小桥流水、长河落日、大漠孤烟可以让你看清自己也看清世界。

【给自己一个目标】

在开始创新创业教育课程的学习之前，我们需要设定一个学习目标。课程学习结束后，我们再来验证一下定下的目标是否实现了，同时，也验证了创新创业课程的价值。任何课程都有其既定价值，但是，由于学习者不同、学习方法不同、努力程度不同，学习效果就会有所差异。那么，你通过创新创业课程的学习，希望达到的目标是：

1. 在专业学习方面：

2. 在生活方面：

3. 在就业方面：

4. 在个人成长方面：

5. 在创新创业实践方面：

6. 在课程成绩方面：

目　　录

第一章 双创启蒙

本章知识点

本章教学目标

通过本章的学习让学生对创新创业有初步的形象化认知，建立起分析双创事物的知识框架，并能够运用该框架对身边的创新创业现象、项目与人物进行分析，可以将所学知识应用到专业学习、生活和今后的职业发展中。

一、认知创新

1. 中国的"新四大发明"是什么？"新四大发明"的创新点是什么？请同学自己写在下面。如果你在课堂上回答了这个问题，请给自己加分。准确答对一个加 1 分，全部答对加 5 分。

✓ 我的课堂成绩是：
_____

2. 通过了解中国的"新四大发明"，我的感受是：

创新能带来什么：

创新难不难：

创新需要什么：

"新四大发明"有哪些不足：

第五大发明会是什么：

请与大家分享你的感受，如果你分享了，请给自己加 1 分。

✓ 我的课堂成绩是：
_____

3. 请回顾过去三年中，社会上有哪些创新创业项目或现象，每个同学说一个，不要重复。没有回答出来的，减 1 分。

我回答的是：

✓ 我的课堂成绩是：
_____

4. 请回顾过去三年中，所在省（自治区、直辖市）或者你所在的专业有哪些创新创业的项目或现象，每个同学说一个，不要重复。没有回答出来的，减 1 分。

我回答的是：

✓ 我的课堂成绩是：
_____

5. 你最希望看到的创新是什么？经小组讨论后，总结出本组最希望且最有价值的创新有哪些。

✓ 我在小组讨论中的贡献度，按小组整体为 100% 计算，我应该占_____%。

我们小组最希望的创新是：

这些创新可以给我们带来的是：

基于这些创新，我们考虑的双创构思是：

我们能为这些创新做点什么：

我们小组是否分享了的思考？　□是　　□否

二、认知创业

1. 请回答什么是创业。可以是自己的理解，也可以通过网络和教材获取答案。发言回答的同学（含补充回答）加 3 分。

我的答案是：

✓ 我的课堂成绩是：

_____

✓ 我在小组工作中的贡献度，按小组整体为 100% 计算，我应该占_____%。

2. 请小组在一张 A4 纸上用绘画的方式完成一个创业者的画像，限时 15 分钟。要求表达内容如下：

● 他的生活状态是怎样的：

● 他脑子里在想什么：

● 他在移动状态下，用手机做什么：

● 什么事情让他高兴：

● 什么事情让他苦恼：

● 他经常接触什么人：

小组是否分享了我们的画像？　□是　　□否

三、认知双创

1. 请用 3 个关键词来表达目前我们学生的价值观是什么。小组同学相互分享后，总结出代表目前我们学生的价值观的 5 个关键词。

我的关键词是：

我们小组的关键词是：

小组是否分享了我们的思考？　□是　　□否

2. 从今天到毕业 3 年内，我认为我的同学的创业率是多少？

我是否会去创业：☐是　☐否

我认为的创业率是：　　　　%

我们组最终认为的创业率是：　　　　%

小组是否分享了我们的预测？☐是　☐否

3. 我的同学在什么情况下会去创业？

我认为的 2 种情况是：①

　　　　　　　　　②

我们组认为的 3 种情况是：①

　　　　　　　　　　②

　　　　　　　　　　③

小组是否分享了我们的思考？☐是　☐否

4. 创业必须有创新吗？

我的思考是：

我们组达成的共识是：

5. 在过去的一年中，我们最关心或关注哪些创新，关注的理由是什么？每个同学提出自己思考的 2 个创新，小组总结出大家一致认同的 3 个创新。

我认为的 2 个创新是：①

　　　　　　　　　②

我们组认为的 3 个创新是：①

　　　　　　　　　　②

　　　　　　　　　　③

小组是否分享了我们的思考？☐是　☐否

6. 发现创业机会的途径有哪些（这些途径应该是有效的，具有持续可操作性的）？每个同学提出自己思考的 2 个途径，小组总结出大家一致认同的 3 个途径。

我认为的 2 个途径是：①

②

我们组认为的 3 个途径是：①

②

③

小组是否分享了我们的思考？　□是　　□否

7. 哪些风险会影响我们创业成功？每个同学提出自己思考的 3 个风险，小组总结出大家一致认同的 5 个风险。

我认为的 3 个风险是：①

②

③

我们组认为的 5 个风险是：①

②

③

④

⑤

小组是否分享了我们的思考？　□是　　□否

8. 哪些资源有助于我们启动创业？每个同学提出自己思考的 3 类资源，小组总结出大家一致认同的 5 类资源。

我认为的 5 类资源是：①

②

③

我们组认为的 5 类资源是：①

②

③

④

⑤

小组是否分享了我们的思考？　□是　　□否

9. 请用 3 个关键词来表达如果组建创业团队，我希望团队具有哪些特征。小组同学相互分享后，总结出代表创业团队特征的5 个关键词。

我的关键词是：

我们组的关键词是：

小组是否分享了我们的思考？　□是　　□否

10. 大家看看，我们目前的价值观与创业团队的特征有何不同，怎样弥补这个差异？请小组讨论，各抒己见。

我的观点是：

我们组的观点是：

小组是否分享了我们的思考？　□是　　□否

✓　我在小组工作中的贡献度，按小组整体为 100% 计算，我应该占＿＿＿＿%。

11. 在第 6 问发现创业机会的途径方面，我们找到的途径里是否存在因"假、大、空"而难以持续关注的一个领域或一个方向？

我的观点是：

我们组的观点是：

小组是否分享了我们的思考？　□是　　□否

✓　我在小组工作中的贡献度，按小组整体为 100% 计算，我应该占＿＿＿＿%。

✔ 我在小组工作中的贡献度，按小组整体为100%计算，我应该占_____%。

12. 在第8问哪些资源有助于我们启动创业的思考中，我们是否存在"等、靠、要"的思想，致使启动创业遥遥无期？

我的观点是：

我们组的观点是：

小组是否分享了我们的思考？ □是 □否

四、小组管理

1. 我们小组如何能更有效地学习，并取得更好的成绩？

我的观点是：

我们组的观点是：

小组是否分享了我们的思考？ □是 □否

✔ 我在小组工作中的贡献度，按小组整体为100%计算，我应该占_____%。

2. 有哪些提高自己与小组工作、学习质量的方法？

● PDCA循环：PDCA循环是由美国质量管理专家休哈特博士首先提出的，由戴明采纳、宣传，获得普及，所以又称戴明环。PDCA循环的含义是将质量管理分为4个阶段，即计划（Plan）、执行（Do）、检查（Check）、处理（Act）。在质量管理活动中，要求把各项工作按照做出计划、计划实施、检查实施效果，然后将成功的纳入标准，不成功的留待下一循环去解决。这一工作方法是质量管理的基本方法，也是企业管理各项工作的一般规律，该方法同样适用于小组工作与学习，建议同学们可借鉴PDCA循环管理好自己的课程学习。但是，需要同学们注意的是，随着更多项目管理中应用PDCA，在运用的过程中发现了一些问题，因为PDCA中不含有人的创造性的内容，它只是让人如何完善与推进现有工作，所以可能会导致惯性思维的产生，习惯了PDCA的人很容易按流程工作，因为没有什么压力让人来实现创造性。所以，PDCA在实际的应用中也有局限性。

做好 PDCA 管理需要 8 个步骤：

（1）分析现状，发现问题；

（2）分析问题中各影响因素；

（3）分析影响问题的主要原因；

（4）针对主要原因，提出解决的措施；

（5）执行，按照措施计划的要求去做；

（6）检查，把执行结果与要求达到的目标进行对比；

（7）标准化，把成功的经验总结出来，制定相应的标准；

（8）把没有解决或新出现的问题转入下一个 PDCA 循环中去解决。

● SMART 目标管理原则：SMART 原则 (S=Specific、M=Measurable、A=Attainable、R=Relevant、T=Time-bound)，学习小组实施目标管理可以有利于同学们更加明确高效地完成学习，也可以为小组管理提供评价标准。使小组同学能围绕同一个目标努力，最终达到相互学习、整体提高的学习效果。SMART 原则被广泛应用于企业的绩效管理，在本课程的小组学习中学会应用 SMART 原则，有利于同学们今后的学习、生活、工作与职业发展。

SMART 原则在小组学习中的具体解释为：

（1）学习与实践任务指标必须是具体的（Specific）；

（2）学习与实践任务指标必须是可以衡量的（Measurable）；

（3）学习与实践任务指标必须是可以达到的（Attainable）；

（4）学习与实践任务指标要与其他学习目标具有一定的相关性 (Relevant)；

（5）学习与实践任务指标必须具有明确的截止期限（Time-bound）。

五、课程作业

1. 知识性作业

（1）你认为什么是创新，什么是创业，创新与创业是什么关系？

（2）你今后打算创业吗？你如果创业，什么是你最大的动机？

（3）在国家经济转型升级的大背景下，如何看待创新与创业？

2. 调研性作业

请确立一个学习本课程的研究样本（该样本最好与专业或爱好相关），可以是校园周边的小店，也可以是校友的企业或学长的创业项目，亦或你父母所在的单位。你今后要做的是长期与其进行交流和沟通。请你简述该研究样本的基本情况。

（1）名称：

（2）成立时间：

（3）主营业务范围：

（4）目前经营状况（盈利／亏损）：

（5）今后发展方向：

（6）你的对接人的职务：

（7）对接人的电话/QQ/微信：

3. 实践性作业

请选定一个学习导师，他不能是你的亲属或朋友，希望通过你自己的努力，找到目标导师，这样做可以扩大你的人脉资源，锻炼获取人脉资源的能力；你可以选择校友中的佼佼者，也可以利用教师、创业协会等校内资源，寻求他们的帮助。建议你用高标准选择导师，建议标准为：他所在的企业成立三年以上，上一年盈利在 100 万元以上，主营业务具有明显的创新点，具有一定的行业或区域影响力。导师为职业经理人或创业者，应是本科学历以上。完成作业，你需要提供以下材料：

(1) 导师姓名：

(2) 导师年龄：

(3) 导师学历：

(4) 所在单位成立时间：

(5) 所在单位的主营业务：

(6) 单位的业务进展情况：

(7) 单位人员规模：

(8) 单位去年利润额：

(9) 他的工作（或创业）的感受：

(10) 他是怎样看待创业精神的：

(11) 他自己对今后的规划是什么：

(12) 最后你可以向创业者询问联系方式，如电话、微信、QQ、邮箱等，以便日后有时间再进行深入的讨论：

(13) 需要将你们的谈话（聊天）记录截图贴在作业本上；如果是面谈，需要附上你们的现场合影：

第二章 创新探索

本章知识点

本章教学目标

通过本章的学习让学生认识到创新的价值与趋势，能够运用基本的创新方法进行样本分析，能够建立起对专业学习、生活和职业发展的创新性思考，能够运用创新思维更好地解决身边的简单问题。

一、身边的创新

1. 在过去的一年里，创新无时无刻不在改变着我们的生活，这里包括了产品外观的创新、功能的创新、服务的创新、模式的创新、制度的创新等。那么，哪个创新是令你感受最深的？

(1) 我感受最深的创新是：

(2) 这个创新的特点是：

(3) 这个创新更好地解决了哪些问题：

(4) 这个创新还存在哪些不足，请列举三点：

①

②

③

(5) 针对这些不足，你有什么样的完善建议：

①

②

③

将你的思考通过发言的方式，与全班同学分享，进行分享的你得到 5 分。

✔ 我的课堂成绩是：

_____

我是否很快完成了这个训练： □是 □否

如果你没能很快地完成这个训练，你认为原因是什么：

我是否踊跃进行了分享： □是 □否

2. 将你感受最深的创新在小组内进行分享，小组讨论后，选出大家一致认同的三个较有价值的创新，并完成下列分析与思考。这个训练是在同学个体思考的基础上，通过大家集思广益，进行深度的应用性、借鉴性创新思维训练。

（1）小组感受最深的创新是：

①

②

③

（2）这些创新的特点分别是：

①

②

③

（3）这些创新特点，分别在哪些领域可以借鉴：

①

②

③

（4）在上述领域，通过应用或借鉴这些创新点后，会产生什么创新项目：

①

②

③

（5）你们认为，上述创新项目解决了该领域的哪些问题或优化了哪些体验。要注意的是，创新的目的是在原有的基础上进行优化，给客户更好的体验，解决客户的问题或满足客户的更多需求，这样的创新才有价值，不能为了创新而创新。

✔ 我在小组工作中的贡献度，按小组整体为 100% 计算，我应该占＿＿＿＿＿%。

①

②

③

小组是否分享了我们的思考？ □是　　□否

二、对创新与创业的理解

1.创新与创业的关系：创新是社会进步的灵魂，创业是推进经济社会发展、改善民生的重要途径，创新和创业相连一体、共生共存。

在过去的三年里，哪些具有创新特质的创业项目，使我们的生活、工作、学习变得更便捷了？请每个同学提出一个，不能重复。如果你分享了，给自己加1分。

我是否踊跃进行了分享： □是　　□否

✓ 我的课堂成绩是：

_____

2.创新是引领发展的第一动力，是建设现代化经济体系的战略支撑。近年来，大众创业、万众创新持续向更大范围、更高层次和更深程度推进，创新创业与经济社会发展深度融合，对推动新旧动能转换和经济结构升级、扩大就业和改善民生、实现机会公平和社会纵向流动发挥了重要作用，为促进经济增长提供了有力支撑。

你认为，创新在大学生创业中的价值是什么？创新是增加了创业难度还是降低了创业难度？如何才能做到创新（比如利用或转化老师的科研成果），请提出在你的专业进行创新实践的方向与路径。将你的观点与大家进行分享，如果你分享了，给自己加3分。

我的观点是：

我是否踊跃进行了分享： □是　　□否

✓ 我的课堂成绩是：

_____

三、对创新的细化

1. 创新不仅是有形的产品创新和技术创新，还有可能是无形的模式创新、制度创新、组织创新、思维创新，抑或生活方式的创新等。创新可以使我们生活得更精彩，也会使你与众不同。创新往往体现在创意中，你的脑子里能否不断地产生创意，这些创意是否具有价值，是否可以使现有的生活、工作和学习变得更好，很可能是你价值的一种体现。

创新往往是在旧的、现有的基础上做出改变，如何使有价值的变化发生是同学们要思考的问题。也就是说，能否发现问题、提出问题，进而去解决问题。在这里，发现问题和提出问题是最重要的，比解决问题更有价值。但是，惯性思维往往是创新创业的阻碍，做到创新创业我们需要的是批判性思维。在现代社会，批判性思维被普遍确立为教育特别是高等教育的目标之一。那么，你认为什么是批判性思维呢？将你的观点与大家进行分享，如果你分享了，给自己加 2 分。

✓ 我的课堂成绩是：

我的观点是：

我是否踊跃进行了分享：　□是　　□否

2. 惯性思维对我们创新创业有阻碍，创新思维也正是突破这种阻碍的方法，这需要我们养成一种思维习惯，需要我们关注生活、关注社会、关注人性。那么，请让我们从细微处入手，基于前面小组对感受最深的创新的思考，在将其应用到可借鉴的领域时，细化我们的创新，激活我们的创意。（如果觉得本组的思考不够成熟，可思考如何提高我校创业咖啡厅的营业收入，并对此

提出你的创新性解决方案）

（1）我们小组确立的分析内容是：借鉴 　　　 的创新特点，

应用于 　　　 ，产生创新的项目是

（2）有形的创新有哪些：

① 材料创新：

② 外观创新：

③ 结构创新：

④ 工艺创新：

⑤ 设计创新：

⑥ 功能创新：

⑦ 环境创新：

⑧ 其他创新：

（3）无形的创新有哪些：

① 宣传创新：

② 服务创新：

③ 促销创新：

④ 使用创新：

⑤ 售后创新：

⑥ 管理创新：

⑦ 制度创新：

⑧ 其他创新：

四、课程作业

1. 知识性作业

（1）你认为创新最大的价值是什么？

（2）创业一定要有创新吗？为什么？

（3）你如果就业，有哪些创新的方式会使你发现更好的就业机会？

2. 调研性作业

（1）请发现我们学校在过去一年里的一个让你感受最深的创新，对其进行描述，并谈谈你的感受。如果没有发现，那么就请你为学校提出一个具有创新性的建议，目标是如何让学校办得更好。

（2）针对你的研究样本，看看他们在过去的一年里有哪些创新，今后创新的方向与方式是什么？

① 过去一年的创新内容：

② 今后的创新方向：

③ 实现创新的主要方式：

④ 你对他们创新的建议：

⑤ 将你的建议反馈给他们，看看他们对你建议的看法是怎样的。需要将你们的谈话（聊天）记录截图贴在作业本上；如果是面谈，需要附上你们的现场合影：

（3）研究一下你所在专业有哪些创新趋势，思考后回答以下问题。

① 这个专业领域的发展与创新方向是什么？

② 你认为哪个创新方向最有价值？为什么？

③ 在这个专业领域中，具有创新力的企业或机构有哪些？

④ 这个专业领域创新最大的风险是什么？

⑤ 我的所学与哪个细分创新方向相关？为什么？

⑥ 我还需要学习哪些知识或技能才能适应今后在这个领域的发展？

3. 实践性作业

（1）对你目前的生活、学习做出一个创新性的改变并实施这个改变，将你创新性改变的内容与同学对你的反馈记录下来：

（2）与你的导师谈谈前述你对所在专业有哪些创新趋势的思考，将导师的反馈记录下来。需要将你们的谈话（聊天）记录截图贴在作业本上；如果是面谈，需要附上你们的现场合影：

第三章　发现机会

本章知识点

本章教学目标

通过本章的学习让学生能够结合国家战略，运用政策、行业分析等资料，通过分析发现与论证机会与趋势；并可以运用创新思维与方法，发现身边的社会问题，抓住热点，形成具有一定实际价值和可操作性的项目构思。同时可以将识别机会的方法应用到专业学习、生活和职业发展中。

一、宏观机会的识别

1. 我们处在一个科技高速发展，社会快速变革的时代。正是因为这个时代的特性，给了我们无穷无尽的机会，现在并不缺少机会，缺少的是发现机会的眼睛。创业机会本质上来源于变化和创新，而变化与创新在我们的身边无时无刻不在发生。发展和变化正是创业机会的重要来源，没有变化，就没有机会，而当下正是变革的时代。在十九大报告中、"十三五"规划中、年度政府工作报告中都为我们国家今后的发展指明了方向，我们只有把握好时代的脉搏，紧跟国家发展的步伐，才能更多地发现机会、更好地把握机会。

2. 请大家研读十九大报告，分别回答以下问题，并阐述这里存在的创新创业机会：

（1）十九大的主题是：

（2）我国社会主要矛盾的变化是：

（3）我认为十九大报告中存在的创新创业机会是：

将你的观点与大家进行分享，如果你分享了，给自己加3分。
我是否踊跃进行了分享：□是　□否

✔ 我的课堂成绩是：

_____

3. 请大家研读"十三五"规划，分别回答以下问题，并阐述这里存在的创新创业机会：

(1)"十三五"规划的主要目标是：

(2)"十三五"规划中的发展理念是：

(3) 经济发展方式的转变是：

(4) 调整优化产业结构的内容是：

(5) 创新驱动发展战略的内容是：

✔ 我的课堂成绩是：

_____

(6) 我认为在"十三五"规划中与我所在专业相关的规划要求有：

将你的观点与大家进行分享，如果你分享了，给自己加3分。

我是否踊跃进行了分享： □是   □否

4. 在第二章的作业中，我们已经对本专业所处行业领域的创新方向与发展趋势有所了解，那么对下面这些社会、经济与科技的热点，你知道多少呢？请针对以下热点，回答三个问题。以小组为单位，依次回答，不要重复说明同一个热点，一个人只能回答一次，回答最多的小组得 10 分。

【问题 1】基本概念是什么？

【问题 2】典型应用是什么？

【问题 3】与你所在专业结合后，可能产生或改变什么？

1. 共享经济

2. 区块链

3. 人工智能

4. 无人机

5. 机器人

6. 5G

7. 社群经济／粉丝经济

8. 物联网

9. 众筹／众包

10. AR、VR

11. 3D 打印

12. 可穿戴设备

13. 大数据/云计算

14. 无人驾驶

15. 新能源

16. 新材料

17. 新消费

18. 一带一路

19. 乡村振兴

✓　我在小组工作中的贡献度，按小组整体为100%计算，我应该占_____%。

20. 绿色发展

21. 新城镇建设

我们小组是否分享了最多？　□是　　□否

5. 请大家研读所在省（自治区、直辖市）"十三五"规划纲要，结合以上的思考，通过小组讨论的方式，基于你所学专业知识，提出所在省（自治区、直辖市）可以把握的创新创业机会，并与大家分享你们的观点。

我们的观点是：

✓　我在小组工作中的贡献度，按小组整体为100%计算，我应该占_____%。

我们小组是否积极进行了分享：　□是　　□否

二、身边机会的发现

1. 在你的专业领域或你感兴趣的行业中，过去一年都出现了哪些创业项目或创新现象。请大家以小组的方式提出三个。

我们的观点是：

✓　我在小组工作中的贡献度，按小组整体为100%计算，我应该占_____%。

我们小组是否积极进行了分享　□是　　□否

2. 在你的专业领域和你感兴趣的行业中，找一两家上市公司，通过对其年报的研读找出该公司与你的专业或爱好相关的发展方向，以小组的方式提出三个。

我们的观点是：

✓　我在小组工作中的贡献度，按小组整体为100%计算，我应该占_____%。

我们小组是否积极进行了分享　□是　　□否

3. 请围绕前述社会、经济与科技的热点（共享经济、区块链、人工智能、无人机、机器人、5G、社群经济 / 粉丝经济、物联网、众筹 / 众包、AR/VR、3D 打印、可穿戴设备、大数据 / 云计算、三维通讯、无人驾驶、新能源、新材料、新消费、一带一路、乡村振兴、绿色发展、新城镇建设），每个同学提出你认为今后三年可能出现的发展趋势，分别写在三张便利贴上，发展趋势尽可能具体，并体现一定的应用场景。如"5G 应用下的三维通讯会在面试中广为应用"。请同学们在 5 分钟内完成。将这三张便利贴贴在一张 A4 纸上，如下图：

4. 将贴有三个趋势的 A4 纸传递给左手边的同学，每人将得到的 A4 纸再次传递给左手边的同学。每个同学拿到别人写的趋势后，要认真阅读领会，不得提出反对意见，要基于看到的趋势，提出在此趋势下的一个具有操作性的创新创业项目。将自己的想法分别用便利贴贴在对应的趋势下面。请在 5 分钟内完成。需要注意的是，可以有一定的技术想象，因为有些技术不是不存在，而是同学们还不知道。示例图如下。

5. 请每组同学分别对完成的趋势与项目进行整理，整理的过程就是在分享大家的智慧。整理的要求是将自己手中的A4纸上的便利贴撕下来，大声阅读出来后，按下图所示，贴在A3纸上。即"我看到趋势是******，对此，我提出的创新创业项目是*******"，依此类推，直到小组所有同学都将趋势和项目贴在A3纸上。如果有重复的趋势或项目，可以不贴。

趋势		项目	
趋势	趋势	项目	项目
趋势	趋势	项目	项目
趋势	趋势	项目	项目
趋势	趋势	项目	项目
趋势	趋势	项目	项目

6. 请通过小组讨论，留下最有发展前景和价值的4个趋势。必要时，可以通过小组内举手表决的方式确定。

7. 在选定趋势的前提下，请小组通过讨论，筛选出在这4个趋势下，最有发展前景和价值的4个项目。好的项目，是尽可能多地满足发展趋势的要求。那么，这4个项目就很可能是你们发现的创新创业机会。请各组分享你们看好的趋势和选出的项目。

(1) 我们最关注的趋势是什么？

(2) 我们认同的项目是什么？

(3) 我们为什么留下这些项目？

(4) 这些项目的前景如何？

(5) 这些项目如何在我们的专业进行应用？

我们小组是否积极进行了分享　□是　□否

✔ 我在小组工作中的贡献度，按小组整体为100%计算，我应该占_____%。

8. 基于小组选定的4个创新创业项目，我们将通过关联性的思考，寻找项目的切入点，进而能更好地把握住创新创业机会。请小组对4个项目中的关键事物进行描述，一个项目中可能涉及多个关键事物，我们希望把握住最关键的1~3个。然后围绕关键事物进行关联性思考，找出可能影响该事物的潜在要素或问题。

举例：

(1) 趋势：5G应用下的三维通讯会在面试中广为应用

(2) 项目：三维远程面试平台与会务系统

(3) 关键事物：与现有招聘网站的结合、三维成像技术研发、三维通信系统集成、三维通讯会议室建设

(4) 关联性思考：软件系统、三维成像与通话硬件、高速网络、存储系统、网络安全

【项目 1】

（1）关键事物 1：

（2）关键事物 2：

（3）关键事物 3：

（4）关联性思考 1：

（5）关联性思考 2：

（6）关联性思考 3：

【项目 2】

（1）关键事物 1：

（2）关键事物 2：

（3）关键事物 3：

（4）关联性思考 1：

（5）关联性思考 2：

（6）关联性思考 3：

【项目 3】

（1）关键事物 1：

（2）关键事物 2：

（3）关键事物 3：

（4）关联性思考 1：

（5）关联性思考 2：

（6）关联性思考 3：

【项目 4】

（1）关键事物 1：

（2）关键事物 2：

（3）关键事物 3：

（4）关联性思考1：

（5）关联性思考2：

（6）关联性思考3：

9. 在关键事物与关联性思考中，蕴含着创新创业项目的切入点。很可能有的项目由于同学们的知识和阅历所限，难以发现关键事物或难以展开关联性思考，那么请通过小组讨论，至少完成3个项目的研讨，并进行成果分享。

【项目1】

（1）我们的项目1是：

（2）我们寻找到的项目1切入点是：

（3）我们项目1的创新点是：

（4）我们项目1在专业方向或在所在省（自治区、直辖市）应用的价值是（解决了谁的问题或需求）：

【项目2】

（1）我们的项目2是：

（2）我们寻找到的项目2切入点是：

（3）我们项目2的创新点是：

（4）我们项目2在专业方向或在所在省（自治区、直辖市）应用的价值是（解决了谁的问题或需求）：

【项目3】

（1）我们的项目3是：

（2）我们寻找到的项目3切入点是：

（3）我们项目3的创新点是：

✔ 我在小组工作中的贡献度，按小组整体为100%计算，我应该占＿＿＿＿%。

（4）我们项目3在专业方向或在所在省（自治区、直辖市）应用的价值是（解决了谁的问题或需求）：

我们小组是否积极进行了分享　□是　　□否

三、什么是好的创业机会

1. 习近平总书记在党的十九大报告中明确提出，新时代我国社会主要矛盾是人民日益增长的美好生活需要和不平衡不充分的发展之间的矛盾。那么，把握住这个主题，能在某个方面一定程度上解决或缓解这个矛盾的创业机会，就是好机会。

2. 对于初次创业者而言，创业机会应是适于小团队，轻资产启动的，能够用创新的方法解决现实问题或更好地满足需求，且能在未来的情景下，持续满足人民生活与工作需求的商机。关键词是：小团队、轻资产、创新、商机。

四、课程作业

1. 知识性作业

（1）创业机会的本质与要素是什么？

（2）如何识别创业机会？

（3）如何用识别创业机会的方法发现更好的就业机会？

（4）如何看待一个用人单位的市场机会对你职业发展的影响？

2. 调研性作业

针对你的研究样本，看看他们在什么趋势下，把握住了哪些机会？

（1）把握住的趋势：

（2）做了哪些事：

（3）对今后的趋势判断：

（4）打算做哪些事：

（5）正在或打算有哪些创新：

（6）你对他们今后打算的看法是什么：

（7）需要将你们的谈话（聊天）记录截图贴在作业本上；如果是面谈，需要附上你们的现场合影：

3. 实践性作业

（1）描述一下你们组3个项目的应用场景（提示：建议使用绘图的方式描述，包含：时间、地点、人物、产品与服务载体等要素）。

（2）对你们组3个项目进行分析，看看其是否符合创业机会的要素（如商机、创新、小团队、轻资产等）。

（3）基于3个项目的切入点，如果启动这个创业项目你认为会存在哪些问题或风险，需要首先解决哪些问题？

（4）与你的导师谈谈你们组的3个项目和你们的切入点。将导师的反馈记录下来。需要将你们的谈话（聊天）记录截图贴在作业本上；如果是面谈，需要附上你们的现场合影。

第四章　商业模式

本章知识点

本章教学目标

通过本章的学习使学生掌握商业模式各要素的核心问题，认识到商业模式各要素之间的逻辑关系，能够对商业项目进行商业模式分析和提出模式创新的建议，能够完成自身项目的商业模式设计，并可将商业模式的设计与分析方法应用到专业学习、生活和职业发展中。

一、做一件事情的逻辑

1. 请每个同学思考一下，在过去的一年里，你感觉到谁帮助过你。他帮你做了什么？

（1）帮我的人：

（2）他（她）在什么情况下或场景下帮你的：

（3）他（她）帮你做了什么：

（4）他（她）是怎么帮你的：

（5）你是怎么知道他（她）在帮你：

（6）他（她）是用哪些知识、能力或资源帮到你的：

（7）他（她）具体做了哪些行为：

（8）在帮你的过程中，他（她）借助了什么，或者谁又帮助了他（她）：

（9）你认为，他（她）帮助你后，得到了什么或者对他（她）有什么样的影响：

（10）在他（她）帮你的过程中，付出了哪些或者他（她）损失了什么：

（11）你对他（她）的这个帮助有什么感受：

✔ 我的课堂成绩是：

_____

将你的观点与大家进行分享，如果你分享了，给自己加3分。

我是否踊跃进行了分享：　□是　　□否

2. 我们首先应该感谢那些帮助过我们的人，要心存感恩之心。其次让我们换位思考，如果你是他（她），是否可以做得更好，是否可以用更好的方式去帮助别人，让我们的社会充满爱？

（1）我要帮助的对象是谁：

（2）我需要为他（她）做些什么：

（3）我要通过什么方式才能为他（她）做这些：

（4）我如何让他（她）知道我能做这些：

（5）我有哪些知识、能力和资源支持我做这些：

（6）我做这些的具体内容和行为是什么：

（7）我帮助他（她）的过程中，我需要哪些支持，谁能给我提供这些支持：

（8）我帮助他（她），能得到或收获什么：

（9）我帮助他（她），需要付出或损失什么：

✓　我的课堂成绩是：

_____

将你的观点与大家进行分享，如果你分享了，给自己加3分。

我是否踊跃进行了分享：　□是　　□否

3. 以上我们是以"被帮助"或"帮助"为例，从两个视角来审视如何做一件好事。同学们经过思考会发现，做成一件事，是有逻辑可寻的，那么，这个逻辑是什么呢？其中都包含了哪些要素？你认为哪个要素最重要？

（1）我认为最重要的要素是：

（2）我的理由是：

将你的观点与大家进行分享，如果你分享了，给自己加3分。

我是否踊跃进行了分享： □是 □否

二、客户与用户

1. 在"被帮助"或"帮助"的做事分析中，一个重要的前提就是被帮助的对象是谁。我们往往把这个对象看作是客户。那么让我们考虑这样一个场景，一个针对高中生高考提升分数的培训机构，他的客户是谁？他的用户又是谁？在这里，我们可以简单地把客户理解为最终付款的人，用户是提供服务的受益者或产品的使用者。请每个同学在小组中提出自己的观点，并通过讨论后达成一定的共识。

(1) 我认为客户是：

(2) 我认为用户是：

(3) 老师和参加辅导班的同学的角色是：

(4) 我们组认为客户是：

(5) 我们组认为用户是：

(6) 我们组认为老师和参加辅导班的同学的角色是：

(7) 我们组认为客户的需求是：

(8) 我们组认为用户的需求是：

(9) 我们组认为客户与用户的关系是：

(10) 我们组认为老师和参加辅导班的同学的作用是：

(11) 如果你们就是培训机构，你们会更关注客户还是用户，理由是：

小组是否分享了我们的思考？ □是 □否

✓ 我在小组工作中的贡献度，按小组整体为100%计算，我应该占_____%。

2.同学们要认识到，客户的需求与用户的需求可能是一致的，也可能是不同的。我们应该给予同样的关注。既要满足客户的需求，从而将你的服务或产品传递出去，也就是卖出去，也要关注用户的需求，让用户真正地感受到你的服务与产品给她带来的价值。在这个过程中，可能存在用户认可了你的服务或产品，但客户认为没有必要购买；也有可能是客户感兴趣，但用户认为有更好的选择。而在这个时候，你要做的就是推动用户与客户达成共识，那些可以影响到客户与用户决策的人，就显得尤为重要了，比如前面所谈到的老师或参加了培训班的学生，他们的意见很可能左右客户与用户的决策。

3.同学们还要理解的是，客户或用户为什么要使用这个服务或产品？服务或产品到底给客户提供了哪些价值？那么这里就会涉及在商业上经常谈到"痛点"与"痒点"的问题。请同学们通过网络，查找一下"痛点"与"痒点"的概念是什么，你的理解又是什么。

（1）我对痛点的理解是：

（2）我对痒点的理解是：

（3）客户的痛点／痒点与用户的痛点／痒点是否一致，为什么：

（4）基于是否上补习班的问题，分析一下客户的痛点／痒点与用户的痛点／痒点都是什么：

✓　我的课堂成绩是：

_____

（5）如果你是培训机构，你将怎么把握客户的痛点／痒点与用户的痛点／痒点：

将你的观点与大家进行分享，如果你分享了，给自己加10分。

我是否踊跃进行了分享：　□是　　□否

三、了解市场

1. 用户与客户，痛点与痒点可以使我们初步确定要面对的市场。但是，我们要知道在科技高速发展的今天，大家都在考虑如何更好地满足客户的需求，优化客户的体验。只有更好地了解市场，才能使项目在激烈的市场竞争中更顺利地启动与发展。

2. 我们需要加强对客户与客户需求的理解，请同学们用五个关键词概括你们组的一个双创项目的客户的特征，也就是给客户描绘一幅画像，让我们能更形象地了解客户，时刻记住客户。请同学们用头脑风暴的方式，先自己给出三个关键词进行概括性的描绘，然后小组内讨论，归纳总结出代表客户特征的五个关键词。基于这五个关键词，应该可以在脑海中形成客户的形象。

(1) 我们针对的本组项目的客户是：

(2) 我给出的三个关键词是：

(3) 我们组总结的五个关键词是：

小组是否分享了我们的思考？　□是　　□否

✓　我在小组工作中的贡献度，按小组整体为 100% 计算，我应该占＿＿＿＿＿%。

3. 要实现对客户提供产品与服务，我们还要关注提供产品与服务的应用场景，也就是说，如果你向一个学生推荐补习课程，他是在学校应用，还是在补习班应用，还是在培训机构的教室应用，还是在网络上应用？在不同的场景下，客户会有不同的体验，注意力的关注点也是不同的。所以，应用场景是同学们需要考虑的重要因素。请同学们用五个关键词概括你们组一个双创项目的应用场景。这个场景应该是符合客户习惯，并有利于解决客户问题的。请同学们用头脑风暴的方式，先自己给出三个关键词进行应用场景的概括性的描绘，然后小组内讨论，归纳总结出代表应用场景的五个关键词。

✔ 我在小组工作中的贡献度，按小组整体为 100% 计算，我应该占＿＿＿＿＿%。

（1）我给出的三个关键词是：

（2）我们组总结的五个关键词是：

小组是否分享了我们的思考？   □是   □否

4. 项目要做的就是在特定应用场景下，针对客户的需求，提出最优的解决方案。这就是我们常说的"以客户需求为中心"。要思考的三个基本点是：

（1）卖给谁：客户特征

（2）卖什么：产品／服务

（3）怎么卖：交易与使用场景

围绕这三个基本点可以帮助我们深入地了解市场，更好地完善我们的创意。最好的方式就是开展市场调查，通过市场调查，我们要了解的内容有：

（1）价格：反映了客户为一个满意的产品／服务愿意支付的价格。

（2）保证：反映了客户在可靠性、安全和质量方面希望得到的承诺。

（3）性能：反映了客户对产品／服务期望的功能和特性。

（4）外观：反映了客户期望的设计质量、特性和外观等视觉特征。

（5）易用：反映了客户是否容易使用到产品／服务，来解决问题。

（6）可获得性：反映了客户是否容易得到产品／服务。

（7）生命周期成本：反映了客户使用过程中的全部成本。

（8）社会接受程度：反映了影响客户购买决心的其他社会性因素。

5. 在了解客户需求的同时，也要了解竞争对手。看看竞争对手是怎么做的，我们只有做得更好，才能在项目启动后获得市场的认可和生存与发展的机会。分析竞品，可以从产品的四要素进行剖析，即内容性、功能性、可用性、情感性。产品是做出来给人使用的，一款有价值的产品必定要给客户感受到有用、能用、可用、爱用。同学们要把握的是：

(1) 内容性——有用：主要功能解决了客户的核心需求或问题。

(2) 功能性——能用：能切实满足客户需求，优化客户体验，使用顺畅。

(3) 可用性——可用：在应用场景下使用较为方便。

(4) 情感性——爱用：在解决客户需求和问题的同时，没有增加客户负担，便于养成使用习惯。

四、商业模式要素与要素逻辑

1. 做一件事的逻辑与做一个项目的逻辑，具有高度的相似性。思考一个项目商业模式的基本要素与思考如何做好一件事的要素也是相一致的。首先我们要清楚为什么要做这个项目，就如同为什么要去帮这个朋友一样，帮朋友解决的问题就几乎等同于项目中要解决的客户需求；其次要给朋友什么样的帮助才能解决问题，就几乎等同于你要给客户提供的产品或服务；第三是如何才能帮到这个朋友，就几乎等同于你要向客户传递产品和服务的营销渠道；第四是如何让朋友知道你能提供帮助，就几乎等同于你与客户之间维系的客户关系；第五是你有什么知识和能力去帮你的朋友，就几乎等同于你要开展项目的核心资源；第六是你要帮朋友具体做些什么，就几乎等同于你要在开展项目中的关键业务；第七是你需要得到哪些帮助才能更好地帮助朋友，就几乎等同于你开展业务中的伙伴网络；第八是你向朋友提供帮助能有什么收获或得到什么，就几乎等同于你通过项目获得的收益；第九是你为了帮助朋友需要付出什么，就几乎等同于你在开展项目中需要支付的成本。

2. 那么，我们就简单总结出了商业模式的基本要素，包含了客户细分、价值主张、营销渠道、客户关系、核心资源、关键业务、伙伴网络、收入来源和成本结构。请同学们通过教材或网络，加之你个人的理解，了解这些要素的基本概念，并与大家分享。

（1）我理解的客户细分是：

客户细分的主要作用是：

（2）我理解的价值主张是：

价值主张的主要作用是：

（3）我理解的营销渠道是：

营销渠道的主要作用是：

（4）我理解的客户关系是：

客户关系的主要作用是：

（5）我理解的核心资源是：

核心资源的主要作用是：

（6）我理解的关键业务是：

关键业务的主要作用是：

（7）我理解的伙伴网络是：

伙伴网络的主要作用是：

（8）我理解的收入来源是：

收入来源的主要作用是：

（9）我理解的成本结构是，

成本结构的主要作用是：

将你的观点与大家进行分享，九个要素，你每分享一个，给
自己加 2 分。

我是否踊跃进行了分享：　□是　　□否

✔ 我的课堂成绩是：
_____

3. 请同学们围绕本组在"发现机会"学习中思考的三个项目
之一，对其从商业模式要素的角度进行分析，考虑如果要启动这
些项目，你们最看重哪些要素，为什么？请通过对商业模式要素
进行排序的方法，说明你们的看法，并与大家分享。

（1）我们思考的项目是：

（2）对这个项目，我们对商业模式要素的排序是（从重要到
次要）：

✔ 我在小组工作中
的贡献度，按小组整
体为 100% 计算，我
应该占_____%。

（3）我们排序前三要素的理由是：

小组是否分享了我们的思考？　□是　　□否

4. 启动一个项目与运作一个项目，从商业模式要素的重要程度上看是有区别的；同时，不同项目以及不同的团队特质，对商业模式要素的重要程度的认知也是不同的。一般而言，启动一个项目，更应该首先从市场的角度去思考，也只有得到了市场的认可，项目才可能持续。基于此点，项目启动时商业模式要素的思考顺序是：

客户细分	价值主张	营销渠道	客户关系	收入来源	核心资源	关键业务	伙伴网络	成本结构

5. 前述商业模式的九个要素是较为基本的，它并不能够回答要启动一个项目的所有问题。还需要在九个基本要素的基础上，进行细化与拓展。

(1) 针对客户细分，还需要明确客户需求，明确这个需求是客户的痛点还是痒点。为了使项目能有效地启动，还需要明确天使客户，也就是第一批付费体验到你提供的价值主张的人群。只有明确这个人群并找到这个人群，项目才有了鲜明的针对性。同时，这个人群对你产品与服务的反馈，也将有利于项目的发展与完善。

针对本组项目的客户的需求是：

如何找到针对本组项目的天使客户：

(2) 营销渠道和客户关系，都是连接客户的纽带。大家通常说的市场竞争，也正是发生在这里，其核心就是争夺客户。为此就要准备好市场竞争的策略。

针对本组项目的市场竞争策略是：

（3）要想在激烈的市场竞争中生存并取得优势或胜利，就需要有自身的核心竞争力。核心竞争力关联到的不仅是营销渠道和客户关系，更主要的是项目本身的价值主张的体现，也就是产品与服务的创新、特色和价值体现。而给客户提出好的价值主张还需要在核心资源和关键业务方面有所作为。即，核心竞争力关联到的要素有营销渠道、客户关系、价值主张、核心资源和关键业务。请同学们针对本组项目进行细致的分析，分析中要对比你可能的竞争对手。分析后，进行分享。

本组项目在营销渠道方面的核心竞争力是：

本组项目在客户关系方面的核心竞争力是：

本组项目在价值主张方面的核心竞争力是：

本组项目在核心资源方面的核心竞争力是：

本组项目在关键业务方面的核心竞争力是：

小组是否分享了我们的思考？　□是　　□否

✔ 我在小组工作中的贡献度，按小组整体为 100% 计算，我应该占＿＿＿＿%。

（4）即便是有了核心竞争力，也要找到合适的产品发布时间，这个就是项目的时间窗口。什么时候推出你的产品与服务，什么时候向客户提供你的价值，也是启动项目要把握好的。比如情人节提出围绕玫瑰花的服务，儿童节提供针对少儿的产品，5G 网络铺设完成前后，提高基于 5G 应用的服务等。请同学们思考，针对你们本组的项目，在什么时间地点发布比较好呢？

本组项目的时间窗口在哪里，为什么：

（5）启动任何一个双创项目都需要一个团队，这个团队可能是固定的，也可能是松散的。团队既是项目启动的核心资源的重要组成，也是完成关键业务的依托。那么，请同学们思考，你们的团队需要什么样的成员才能有利于项目的顺利启动呢？

本组项目需要的双创团队的构成与人员要求是：

（6）大家都知道，创业是九死一生，要面临很多的不确定性，具有极高的风险，当然也会带来很高的回报。创业最大的风险往往体现在收入与成本的不平衡，也就是入不敷出，这将造成项目的资金链断裂，导致项目停滞或终止。而风险的产生，来自于多个方面。请同学们针对本组项目，从以下几个要素上去理解和认知创业风险。

本组项目的价值主张是否向客户提供了真正的价值，具有哪些不确定性：

本组项目的营销渠道具有哪些不确定性：

本组项目的客户关系具有哪些不确定性：

本组项目的核心竞争力具有哪些不确定性：

本组项目的时间窗口具有哪些不确定性：

本组项目的核心资源具有哪些不确定性：

本组项目的关键业务具有哪些不确定性：

本组项目的创业团队具有哪些不确定性：

本组项目的伙伴网络具有哪些不确定性：

本组项目的收入来源具有哪些不确定性：

本组项目的成本结构具有哪些不确定性：

小组是否分享了我们的思考？ □是 □否

✔ 我在小组工作中的贡献度，按小组整体为 100% 计算，我应该占＿＿＿＿％。

五、商业模式画布

1. 基于前述对商业模式 9 个基本要素的分析，我们可以通过商业模式画布进行展示，这样将更有利于理解 9 个基本要素之间的关系。

请同学们利用商业模式画布，将本组项目的商业模式要素填写进去。并将本项目的商业模式画布进行展示说明，说明的时候请注意各要素的重要性顺序，以及各要素之间的关系。

小组是否分享了我们的思考？ □是 □否

✔ 我在小组工作中的贡献度，按小组整体为 100% 计算，我应该占＿＿＿＿％。

2.拓展后的商业模式画布

（1）前面，我们将商业模式要素进行了拓展，由9个基本要素拓展为了17个要素。要素拓展后依然可以利用商业模式画布进行系统的表述，如下图所示。

伙伴网络	创业团队	关键业务	价值主张	客户关系		客户需求
			核心竞争力	市场竞争	客户细分	
	产业生态	核心资源	时间窗口	营销渠道		天使客户
成本结构			创业风险		收入来源	

（2）请同学们利用商业模式画布，将本组项目拓展后的商业模式要素填写进去，进一步明确启动项目的规划。并将本项目的商业模式画布进行展示说明，说明的时候请注意各要素的重要性顺序，以及各要素之间的关系。

小组是否分享了我们的思考？　□是　　□否

✔　我在小组工作中的贡献度，按小组整体为100%计算，我应该占_____%。

六、课程作业

1.知识性作业

（1）你认为什么是商业模式？

（2）分别阐述商业模式9项基本要素主要分析哪些问题？

（3）商业模式的本质是什么，其价值在哪里？

（4）利用商业模式要素和要素之间的逻辑关系，还能分析处理哪些问题，请举例说明。如分析用人单位的业务状况、分析一个家庭的情况、考察一个项目的执行情况等。

2. 调研性作业

（1）针对你的研究样本，利用商业模式 9 要素，进行系统性的分析，绘制出研究样本的商业模式画布。

（2）针对你的研究样本，回答以下问题：

① 他们的客户群体主要是哪些人？

② 他们的产品系列或服务内容都有什么？

③ 他是怎么进行市场推广的，建立了哪些销售渠道？

④ 如果你是他们的客户，你会重复采购他们的产品或服务吗？为什么？

⑤ 他们通过哪些产品和服务获得收入？是怎么获得收入的？

⑥ 你发现了有哪些资源支持他们为客户提供产品和服务？

⑦ 你认为他们在向客户提供产品和服务的时候做了什么？

⑧ 你认为他们拥有哪些资源后，企业会发展得更好？

⑨ 你认为他们为经营这家企业需要支付哪些成本？

⑩ 你认为他们的文化是什么？

⑪ 你认为他们最大的问题与今后的不确定性是什么？

（3）针对你的研究样本，提出一两条改进商业模式的建议。

（4）将你的建议反馈给他们，他们对你建议的看法是怎样的。需要将你们的谈话（聊天）记录截图贴在作业本上；如果是面谈，需要附上你们的现场合影。

（5）研究一下你所在专业的行业中典型企业的商业模式，并用商业模式画布的方法表达出来。

（6）针对你所在专业的行业中典型企业的商业模式，你认为最有可能进行创新的要素是哪些，你打算怎么创新？

3. 实践性作业

（1）请完成一份市场调查问卷的设计，并尽量多地开展调查，获得数据量不少于200个样本。需提交问卷样本和统计分析报告。

（2）针对本组的三个项目，通过网络分别寻找出两个竞争对手（或潜在的竞争对手），从内容性、功能性、可用性、情感性四个维度，进行竞品分析。提交作业需先说明竞争对手的情况，再进行对比说明。

（3）通过小组讨论，对你们小组的一个创新创业项目商业模式的两三个要素做出一个创新性的改变，基于这些改变重新设计这个项目的商业模式，请使用17要素的商业模式画布进行表达。

（4）与你的导师谈谈小组三个项目的商业模式，以及你们的商业模式创新。将导师的反馈记录下来。需要将你们的谈话（聊天）记录截图贴在作业本上；如果是面谈，需要附上你们的现场合影。

第五章　创业风险

本章知识点

知识点 1　风险识别

知识点 2　风险评估

知识点 3　风险应对定义

知识点 4　风险应对方法

知识点 5　企业经营的风险

本章教学目标

通过本章的学习让学生建立科学客观的风险意识，能够对事物进行风险分析，可以设计基础的风险处置方案，通过风险分析优化自身的项目创意。可以将识别风险与应对分析的方法应用到专业学习、生活和职业发展中。

一、风险认知

1.同学们应该知道,机会与风险同在。机会越大风险也越大。做任何事情都是有风险的,趋利避害,预知风险、控制风险并应对与处置风险是我们必须要考虑的。比如要研究出一个抗癌的药物,一旦成功就会市场巨大,但是研究的过程会很漫长也很艰难,不能确定什么时候才能获得成功,这就是风险。同样,开设一个课程补习的培训班很容易,但是面对激烈的市场竞争,如何才能有学生报名,如何才能把学生教好,如何让家长满意,这也是风险。

2.请同学们针对本组的一个项目,从风险的角度进行分析。每个同学先进行独立的分析,尽可能多地罗列出你对这个项目的风险考虑,然后完成下表。

<table>
<tr><td colspan="3">我们分析的项目是:</td></tr>
<tr><td>遇到什么问题</td><td>导致什么风险</td><td>产生什么影响</td></tr>
<tr><td>举例:钱不够</td><td>项目资金链断裂</td><td>项目停滞/终止、人员离职</td></tr>
<tr><td></td><td></td><td></td></tr>
<tr><td></td><td></td><td></td></tr>
<tr><td></td><td></td><td></td></tr>
<tr><td></td><td></td><td></td></tr>
<tr><td></td><td></td><td></td></tr>
<tr><td></td><td></td><td></td></tr>
</table>

3. 小组内分享每位同学对本组这个项目的风险看法，进行归纳总结，按照风险的严重程度，列出这个项目的十大风险。并进行分享和说明。

我们分析的项目是：		
遇到什么问题	导致什么风险	产生什么影响
(1)		
(2)		
(3)		
(4)		
(5)		
(6)		
(7)		
(8)		
(9)		
(10)		

✔ 我在小组工作中的贡献度，按小组整体为100%计算，我应该占_____%。

小组是否分享了我们的思考？ □是 □否

4. 在上述分析的基础上，针对上面总结出的十大风险进行简单的归纳与分类，便于我们更好地把握启动项目，规避启动项目的风险。

创业风险体现在哪些要素或环节？

(1) 创业机会的选择：

(2) 创业团队的组建与管理：

(3) 创业资源的开发与管理：

(4) 产品/服务的研发：

(5) 创业资金的获取与使用：

（6）市场开发与营销：

（7）外部竞争：

（8）其他：

小组是否分享了我们的思考？　□是　　□否

✓　我在小组工作中的贡献度，按小组整体为 100% 计算，我应该占 _____%。

二、风险分析

1. 创业的过程，是一个商业模式设计、实现、创新与调整的过程。这个过程充满了不确定性，这也正是造成创业风险的主要原因。在同学们对本组项目的风险有了初步认知的基础上，我们以如何顺利启动这个项目为主题，从商业模式设计与实现的角度，对项目风险进行再次的分析。

2. 从拓展后的商业模式 17 要素入手，我们需要对本组项目商业模式的每个要素进行风险分析，充分看到其中存在的不确定性，也就是可能的风险。

（1）客户细分的不确定性：

（2）客户需求的不确定性：

（3）天使客户的不确定性：

（4）营销渠道的不确定性：

（5）客户关系的不确定性：

（6）市场竞争的不确定性：

（7）价值主张的不确定性：

（8）核心竞争力的不确定性：

（9）时间窗口的不确定性：

（10）核心资源的不确定性：

（11）关键业务的不确定性：

（12）伙伴网络的不确定性：

（13）创业团队的不确定性：

（14）产业生态的不确定性：

（15）收入来源的不确定性：

（16）成本结构的不确定性：

3. 从顺利启动本组项目的角度来看，通过小组讨论，将具有不确定性的商业模式要素进行排序，看看哪些具有不确定性的商业模式要素带来的风险最大，按照要素风险由大到小进行排序，并说明理由。

（1）我们组的项目是：

（2）我们的排序是：

（3）说明排序在前三与后三的要素，我们的理由是：

✓　我在小组工作中的贡献度，按小组整体为 100% 计算，我应该占_____%。

（4）如果前三要素的风险不能有效解决，我们的打算是：

小组是否分享了我们的思考？　□是　　□否

4. 一般情况，我们将风险分为系统性风险和非系统性风险。系统性风险是由某种全局性的共同因素引起的，创业者或新创业企业本身控制不了或无法施加影响，并难以采取有效方法消除的风险，因此，系统性风险也称为"不可分散风险"。如：环境风险、市场风险等。非系统性风险是由特定创业者或创业企业自身因素引起的，只对该创业者或创业企业产生影响。如：技术风险、财务风险等。

（1）请同学们分析一下本项目的系统性风险有哪些。

① 我们提供的产品和服务是否存在市场：

② 市场多久才能接受我们提供的产品和服务：

③ 什么时候才能迎来市场的爆发：

④ 市场上的竞争情况会怎么样：

⑤ 什么时候能够获得投资：

⑥ 是否能够找到配套且实用的技术：

⑦ 是否能够找到合适的员工或伙伴：

⑧ 上下游市场的合作者能否接纳我们：

⑨ 政策法规的变化是否会影响到我们：

⑩ 我们的项目是否具有政府许可的要求或壁垒：

(2) 请同学们分析一下本项目的非系统性风险有哪些。

① 产品研发能否成功：

② 相关合作者能否提供技术配套：

③ 产品研发能否按计划完成：

④ 产品研发资金能否得到保障：

⑤ 市场开发资金能否得到保障：

⑥ 创业团队成员是否能同心协力：

⑦ 能否留住关键人员：

⑧ 团队领袖的作用能否发挥：

小组是否分享了我们的思考？ ☐是 ☐否

✓ 我在小组工作中的贡献度，按小组整体为 100% 计算，我应该占_____%。

三、风险预防与应对

1. 风险的预防是指在风险损失发生前为消除或减少可能引发损失的各种因素而采取的处理风险的具体措施，其目的在于通过消除或减少风险因素而降低损失发生的概率。应对系统性风险需要创业者对其所处的创业环境进行合理评估，通过层层细化、逐级分析，来熟悉创业的宏观环境、行业环境、地区环境等，进而做出对风险的预判和预案。应对非系统性风险需要创业者对机会选择风险、人力资源风险、技术风险、管理风险、财务风险等方面进行深入的分析，优化管理手段来预防风险或减少损失。

2. 既然创业风险避免不了，那么同学们就应该具有应对风险的心理准备和心理素质。请每个同学写出 3 个应对风险需要具备的心理特质，小组总结归纳出 5 个可以应对风险的心理特质。

（1）我提出应对风险的心理特质是：

✔　我在小组工作中的贡献度，按小组整体为 100% 计算，我应该占_____%。

（2）小组归纳总结出提出应对风险的心理特质是：

小组是否分享了我们的思考？　□是　　□否

3. 创业者的心理素质，对于创业而言有着举足轻重的关键作用，良好的心理素质是成功创业的基石，创业者在创业中应该具备独立性与合作性、敢为性与克制性、坚韧性与适应性等心理素质。创业在某种程度上讲，是人格塑造的有效方式，也是一种修为。

4. 前面我们通过风险分析，从不同维度进行了风险的认知，这也为应对预防风险奠定了基础。风险并不可怕，规避与降低风险也是有一些基本方法的。

第一步：罗列、穷尽特定项目所对应的风险来源。

第二步：将每类风险来源下的风险具体化。

第三步：客观估计各类风险因素发生的概率。

第四步：剔除发生概率小的风险因素，重视发生概率大的风险因素。

第五步：在发生概率大的风险因素中，重视一旦发生将造成较大损失的风险因素。

第六步：制定科学合理的风险管理预案。

同学们需要做的是，将特定的创业项目和项目的商业模式实现结合起来，分析和判断创业风险的具体来源、发生概率、测算风险损失、预期主要风险因素、测算冒险创业的"风险收益"、估计自己的风险承受能力，进而进行风险决策，提前准备相应的"风险管理预案"。

5. 风险应对是创业者在风险评估的基础上，选择最佳的风险管理技术，采取及时有效的方法进行防范和控制，用最经济合理的方法来综合处理风险，以实现最大安全保障的一种科学管理方法。常用的风险应对方法有风险避免、风险自留、风险预防、风险抑制和风险转嫁等。请同学们针对本组项目存在的风险，考虑一下对不同的风险分别采用哪些应对方法。

(1) 风险避免是指设法回避损失发生的可能性，从根本上消除特定的风险或中途放弃某些存在风险的业务。针对本组的项目存在的风险，可以采用风险避免的有：

(2) 风险自留是使创业者自我承担风险损失的一种方法。针对本组的项目存在的风险，可以采用风险自留的有：

(3) 风险预防是指在风险损失发生前为消除或减少可能引发损失的各种因素而采取的各种应对措施。针对本组的项目存在的风险，可以采用风险预防的有：

(4) 风险抑制是指在损失发生时或在损失发生后为缩小损失幅度而采取的各种应对措施。针对本组的项目存在的风险，可以采用风险抑制的有：

（5）风险转嫁是指创业者为避免承担风险损失，有意识地将损失或与损失有关的财务后果转嫁给他人去承担的一种风险管理办法。针对本组的项目存在的风险，可以采用风险转嫁的有：

小组是否分享了我们的思考？　□是　　□否

✔ 我在小组工作中的贡献度，按小组整体为 100% 计算，我应该占_____%。

6. 风险应对策略是创业者或创业企业需要针对风险评估的结果和具体的评估环境选择合适的风险应对方法，采用科学的风险应对策略。如对于损失金额小的风险采取风险自留的方式，对于那些出现概率大、损失金额高的风险采用风险转嫁的方式等。同学们可根据下表，选择相应的风险应对策略。

风险损失	高频率	低频率
高程度	风险避免 风险抑制 风险转嫁	风险避免 风险抑制
低程度	风险避免 风险预防	风险自留

7. 请各组同学利用上表，将本组项目的风险填进去，形成一个简洁的风险应对预案。这样做有利于同学们理性面对今后项目启动的各类风险挑战，更好地建立项目信心。

风险损失	高频率	低频率
高程度		
低程度		

四、课程作业

1. 知识性作业

(1) 什么是创业风险？

(2) 创业风险是怎么产生的？你是怎么看待创业风险的？

(3) 基于你对风险的理解，结合日常生活请以驾驶员新手上路为例对比风险防范的方法进行说明。

(4) 你认为的创新与创业风险的关系是什么？说一说创业风险的应对需要哪些创新？

(5) 创新是有风险的，你会因为创新存在风险就停止创新吗？是什么原因导致你愿意继续创新，并有哪些方法可以在创新的过程中规避风险？

(6) 你的专业领域目前存在哪些创业风险？在这个专业领域发展，如何规避、应对可能发生的创业风险？

2. 调研性作业

(1) 针对你的研究样本，利用商业模式9要素，对其进行系统性的风险分析后，通过沟通了解他们是如何应对你预见的风险的。

(2) 针对你的研究样本，利用系统性风险和非系统性风险的分析方法，对其进行系统性的风险分析后，通过沟通了解他们是如何应对你预见的风险的。

(3) 针对你的研究样本，回答以下问题：

1) 客户群体导致的风险有：

2) 客户需求导致的风险有：

3）营销渠道导致的风险有：

4）客户关系导致的风险有：

5）市场竞争导致的风险有：

6）价值主张导致的风险有：

7）核心竞争力导致的风险有：

8）核心资源导致的风险有：

9）关键业务导致的风险有：

10）伙伴网络导致的风险有：

11）经营团队导致的风险有：

12）产业生态与产业政策导致的风险有：

13）收入来源导致的风险有：

14）成本结构导致的风险有：

（4）将你的建议反馈给他们，他们对你建议的看法是怎样的。需要将你们的谈话（聊天）记录截图贴在作业本上；如果是面谈，需要附上你们的现场合影。

3. 实践性作业

（1）通过小组讨论，完成本组的三个项目的风险分析，分别利用商业模式 9 要素，以及利用系统性风险和非系统性风险的分析方法。分析后，删除一个风险最大或难以应对风险的项目，保留两个项目，并从风险的角度排出优先级。

（2）与你的导师谈谈小组是如何通过风险分析选定两个项目的，将导师的反馈记录下来。需要将你们的谈话（聊天）记录截图贴在作业本上；如果是面谈，需要附上你们的现场合影。

第六章　创业资源

本章知识点

本章教学目标

通过本章的学习让学生认识到资源的多样性和不同资源的作用与价值，可以进行简单的项目资源分析与资源评估，能够建立正确的资源观，掌握并运用资源分析、资源获取与资源整合的方法，推动自身项目的落地执行与商业模式的实现。同时可以将所学运用到专业学习、生活与职业发展中。

一、创业资源的分类

1.我们都成长在一个资源丰富且复杂的环境中，资源在成长中发挥着重要的作用。请同学们思考在你成长的历程中，取得过哪些让你引以为荣的成绩，又有哪些遗憾，是什么原因使你取得了成绩，又是什么原因造成了遗憾呢？请用三个成绩和两个遗憾进行分析。

（1）第一个让我以你为荣的事情或成绩是：

取得成绩的原因是（从自身努力、知识、技能、资源、机遇等分析）

（2）第二个让我以你为荣的事情或成绩是：

取得成绩的原因是（从自身努力、知识、技能、资源、机遇等分析）

（3）第三个让我以你为荣的事情或成绩是：

取得成绩的原因是（从自身努力、知识、技能、资源、机遇等分析）

（4）第一个让你遗憾的事情是：

造成这个遗憾的原因是（从自身努力、知识、技能、资源、机遇等分析）

（5）第二个让你遗憾的事情是：

造成这个遗憾的原因是（从自身努力、知识、技能、资源、机遇等分析）

通过以上分析，我们可以发现，成绩与遗憾都是多种要素综合作用的结果，但是，资源也发挥着重要的作用。资源包括了自身资源，还有外部资源与机遇支撑。请将你的自我分析与大家分享。如果你分享了，给自己加 5 分。

✓ 我的课堂成绩是：

我是否踊跃进行了分享： □是 　　□否

_____

2. 要想使项目顺利启动，顺利发展，创业资源是必不可少的。那么，请各组同学围绕本组的两个项目之一，利用商业模式 9 要素（核心资源除外），进行针对性的资源需求分析。看看自己的项目需要哪些资源才能顺利启动和发展，同时，还要考虑这些资源应能应对该要素中存在的不确定性，也就是创业风险。完成下面的分析后，与同学们分享，听取大家的意见与建议。

（1）发现客户需求，找到天使客户，我们需要的资源有：

（2）建立有效的营销渠道，我们需要的资源有：

（3）建立并维护良好的客户关系，我们需要的资源有：

（4）有效提供我们具有竞争力的产品和服务，需要的资源有：

（5）完成我们的关键业务，需要的资源有：

（6）建立良好的上下游合作伙伴网络，我们需要的资源有：

（7）扩大我们的收入来源，需要的资源有：

（8）合理控制我们的成本支出，需要的资源有：

（9）通过前面的分析，我们启动项目并推动项目发展，需要的资源有：

✔　我在小组工作中的贡献度，按小组整体为100%计算，我应该占＿＿＿＿％。

小组是否分享了我们的思考？　　□是　　　□否

3.基于前面的分析，我们可以将创业资源分为六类，即团队自身的人力资源，自身所拥有的财务资源和物质资源，团队管理中所体现的组织资源，团队拥有的技术资源，以及项目发展所需的社会资源。人力资源、财务资源和物质资源，是团队自身的可视化资源，组织资源和技术资源是形成团队核心竞争力的关键，一般情况下体现在团队项目的运作当中，社会资源是项目团队的外部资源。在创业初期，我们应注重内部资源的挖掘与利用，并尽可能地去争取外部资源。请同学们通过网络或图书来学习并谈一下你对这六类资源的理解，并与大家分享，如果你分享了，给自己加3分。

（1）人力资源：

（2）财务资源：

（3）物质资源：

（4）组织资源：

（5）技术资源：

（6）社会资源：

✔ 我的课堂成绩是：　　　　我是否踊跃进行了分享：　□是　　□否

_____

二、创业资源的评估

1. 从六类资源的分类角度，同学们还是基于商业模式 9 要素，盘点一下启动本组的项目，已经具备了哪些资源，具备到什么程度，还需要哪些资源。完成下面的分析后，与同学们分享，听取大家的意见与建议。

（1）发现客户需求，找到天使客户。

① 我们已有的资源和程度是：

② 我们欠缺的资源是：

③ 我们的策略是：

（2）建立有效的营销渠道。

① 我们已有的资源和程度是：

② 我们欠缺的资源是：

③ 我们的策略是：

（3）建立并维护良好的客户关系。

① 我们已有的资源和程度是：

② 我们欠缺的资源是：

③ 我们的策略是：

（4）有效提供我们具有竞争力的产品和服务。

① 我们已有的资源和程度是：

② 我们欠缺的资源是：

③ 我们的策略是：

（5）完成我们的关键业务。

① 我们已有的资源和程度是：

② 我们欠缺的资源是：

③ 我们的策略是：

（6）建立良好的上下游合作伙伴网络。

① 我们已有的资源和程度是：

② 我们欠缺的资源是：

③ 我们的策略是：

（7）扩大我们的收入来源。

① 我们已有的资源和程度是：

② 我们欠缺的资源是：

③ 我们的策略是：

（8）合理控制我们的成本支出。

① 我们已有的资源和程度是：

② 我们欠缺的资源是：

③ 我们的策略是：

（9）通过前面的分析，我们对现有资源的综合分析与策略是：

✔ 我在小组工作中的贡献度，按小组整体为100%计算，我应该占_____%。

小组是否分享了我们的思考？ □是 □否

2. 经过前面的分析，我们已经对创业资源有了较为深刻的认识。我们知道，一个项目或企业要获得成功，其所拥有的资源和资源发挥的效能至关重要。那么，什么样的资源才能支撑项目发展的核心竞争力呢？VRIO 是针对组织内部资源与能力，分析竞争优势和弱点的工具。VRIO 模型可以帮助大家更清晰地分析资源状况，也给出了整合与利用资源的方向。VRIO 模型，包含了 4 个问题性要素，即价值（value）问题、稀缺性（rarity）问题、难以模仿性（inimitability）问题和组织（organization）问题。

（1）价值问题：企业的资源和能力能否通过项目运作增加价值。

（2）稀缺性问题：有多少竞争企业已经获得了这些有价值的资源和能力。

（3）难以模仿性问题：与已经获得资源和能力的企业相比，不具有某些资源和能力的企业是否面临获取它的成本劣势，也就是说它们是否需要付出很大的代价才有可能获取这些资源和能力。

（4）组织问题：企业是否被组织起来，开发利用它的资源和能力，使其发挥效能。事实上，很难有一个企业或项目团队同时满足 VRIO 的四个要素，同学们的项目运作是要基于 VRIO 的四个要素努力使自己具备这些资源和能力，形成自己的核心竞争力。请通过小组讨论，思考你们的项目如果启动，在资源和能力方面，如何打造自己的核心竞争力，将结果与同学们分享。

我们小组的思考是：

✓　我在小组工作中的贡献度，按小组整体为 100% 计算，我应该占＿＿＿＿%。

小组是否分享了我们的思考？　□是　　□否

三、创业资源的获取与整合

1. 创业基本上都是白手起家，这也正说明了在创业初期的资源匮乏。同学们在充分分析了本组项目所需的资源和目前资源状况，以及今后发展中打造核心竞争力的资源方向后，我们就要了解怎么才能获取资源。请同学们准备红、白若干卡片，红色卡片标注你们项目需要的资源，白色卡片标注你们已有的资源。示例如下：

组名：	组名：
资源类别：	资源类别：
资源程度：	资源程度：
资源来源：	资源用途：
整合方式：	

　　获取资源的方式有很多，小组要先讨论好，针对你们需要的资源，可以接受哪些方式来获取，如通过资金的方式、股权出让的方式、业务合作的方式、资源交换的方式等。后面，同学们要在全班的范围内去寻找并获取你们想要的资源，在 15 分钟内，各组要尽可能完成本组项目启动所需的资源准备。为此，小组商量好各类资源的红、白卡片需要准备多少张，每种资源你们打算如何获取？训练开始后，同学需要在与对方交流的基础上，达成共识，将红色的卡片交给对方，换取对方白色的卡片。时间到后训练停止。各组盘点分别获取了哪些资源，付出了什么代价。各组讨论后，在全班分享这个过程的体验与感受。

（1）我们需要获得哪些资源：

（2）我们获取资源的方式有：

（3）在训练中，我们获得了哪些资源：

（4）我们付出了什么代价：

（5）我们用了哪些创新的方法获取资源：

✔　我在小组工作中的贡献度，按小组整体为 100% 计算，我应该占 _____%。

（6）要获得更多的资源，我们的感受是：

小组是否分享了我们的思考？　□是　　□否

2. 同学们要认识到，在创业启动的时候，资源一般不会找上门来，只有通过自己的努力才能获取资源，也只有自己变得强大才能吸引资源。

四、课程作业

1. 知识性作业

（1）什么是创业资源？创业资源的价值在哪里？

（2）创业启动的时候，你更看重哪些资源，为什么？

（3）在获取资源的过程中需要有创新吗？如果需要你认为如何创新？请举例说明。

（4）个人发展也类似一个创业过程，那么你现在拥有哪些资源，你又将如何获得更多有利于你成长的资源？

（5）你所在的专业领域，哪些资源最重要？

2. 调研性作业

（1）针对你的研究样本，利用 VRIO 模型，分析一下他们目前具有的资源和能力。

（2）了解一下，他们是怎么不断丰富自身资源的。

（3）他们今后的发展，你认为需要对哪些资源进行获取或优化？

（4）将你的建议反馈给他们，他们对你建议的看法是怎样的。需要将你们的谈话（聊天）记录截图贴在作业本上；如果是面谈，需要附上你们的现场合影。

3. 实践性作业

（1）通过小组讨论，完成本组的两个项目启动的资源分析，通过分析，保留一个启动项目资源较为丰富和有效的项目，并说明你们的分析过程与最终决策的理由。

（2）与你的导师谈谈小组是如何通过资源分析选定最终项目的，将导师的反馈记录下来。需要将你们的谈话（聊天）记录截图贴在作业本上；如果是面谈，需要附上你们的现场合影。

第七章　项目创新

本章知识点

知识点 1	SWOT 分析法	知识点 7	情景故事
知识点 2	头脑风暴	知识点 8	奥斯本 6M 法则
知识点 3	角色定位	知识点 9	六顶思考帽
知识点 4	波特五力分析法	知识点 10	思维导图法
知识点 5	借鉴模拟	知识点 11	鱼骨图方法
知识点 6	同理心地图	知识点 12	决策树法

本章教学目标

通过本章的学习让学生掌握项目微创新、借鉴与对标的方法，能够运用这些方法进行项目优化，提高项目的可操作性和发展空间。可以着手完成项目的产品或服务原型设计。同时，可以将所学知识应用到专业学习、生活和职业发展中。

一、项目的创新思考

1. 在前面的学习和训练中，我们通过创新发现了多个创业机会，通过商业模式的设计了解了项目如何运作，又通过风险分析和资源分析，聚焦到一个基本可行的项目上。但是，我们依然可能会发现，团队内部资源匮乏、人手短缺、创新不足；外部还要面对激烈的市场竞争，产品和服务的亮点不多，也有待客户的认可。面对这样的局面，创业是艰难的，只有通过不断的创新，才有可能顺利启动并推进项目。对内要控制成本，用较少的资源做好更多的事情，通过创新研发、创新管理打磨出具有特色的精致产品和服务；对外要创新模式，快速打开市场，占领市场，获得更多的客户与收益。

2. 创业启动的过程是商业模式设计与验证的过程，项目启动后就是不断进行商业模式验证与调整的过程。同学们可以基于商业模式 9 要素，通过小组讨论的方式，看看基于现有的资源，通过创新，如何才能做得更好。将小组的思考与大家分享。

(1) 有哪些方式可以更精准地聚焦于我们的天使客户：

(2) 哪个营销渠道最有效，如何挖掘更多有效的渠道：

(3) 如何能在客户中树立我们的品牌，让客户对我们信任且依赖：

(4) 我们如何提高产品的效能或服务的体验：

(5) 我们如何使产品和服务与竞争对手有所区别：

（6）如何开发与整合更多更好的资源来推动我们的项目：

（7）如何优化提高我们的关键业务的效能：

（8）如何与上下游和产业生态中的伙伴更好地合作：

（9）有哪些方式可以使我们获得更多的收益：

✔ 我在小组工作中的贡献度，按小组整体为 100% 计算，我应该占_____%。

（10）有哪些方式可以使我们控制好成本，使成本的效能最大化：

小组是否分享了我们的思考？ □是 □否

3. 在小组讨论中，同学们虽然分享了很多的奇思妙想，但是思考的过程是痛苦的。这是因为同学们考虑问题时受制于现有的知识、方法、思维和经验。给同学们介绍的奥斯本检核表法是一种具有较强创新思维启发性的方法，也是一种工具。利用这个工具可以引导人去思考，有利于突破一些人不愿提问题或不善于提问题的心理障碍。它又是一种多向发散的思考，使人的思维角度、思维目标更丰富。另外核检思考提供了创新活动最基本的思路，可以使创新者尽快集中精力，朝提示的目标方向去构想、去创造、去创新。创新发明最大敌人是思维的惰性，提问尤其是提出有创见的新问题本身就是一种创新，回答问题就可以一定程度克服惰性。奥斯本检核表法有利于提高发现创新的成功率：大部分人的思维总是自觉和不自觉沿着长期形成的思维模式来看待事物，对问题不敏感，即使看出了事物的缺陷和毛病，也懒于去进一步思索，不爱动脑筋，不进行积极的思维，因而难以有所创新。而奥斯本检核表法的设计特点之一是多向思维，用多条提示引导你去发散思考。奥斯本检核表法中有九个问题就好像有九个人从九个角度帮助你思考。它使人们突破了不愿提问或不善提问的心理障碍，在进行逐项检核时，强迫人们思维扩展，突破旧的思维框架，开拓了创新的思路，有利于提高发现创新的成功率。运用此方法时，还要注意几个问题。它还要和具体的知识经验相结合。奥斯本只是提示了思考的一般角度和思路，思路的发展还要依赖人们的具体思考。运用此方法，还要结合改进对象（方案或产品）来进行思考。同时还可以自行设计大量的问题来提问。提出的问题越新颖，得到的主意越有创意。

4. 请同学以小组的形式，围绕奥斯本检核表法的9类问题，分别发现一个现实中的示例，通过这个训练，能使同学们深刻理解奥斯本检核表法，有利于在自己项目上的思考和应用。

（1）本组项目的产品或服务（如产品、材料、模式等）有无其他用途？保持原状不变能否扩大用途？稍加改变，有无别的用途？我们发现的例子是：

（2）本组项目能否从别处得到启发？能否借用别处的经验或发明？外界有无相似的想法，能否借鉴？过去有无类似的东西，有什么东西可供模仿？谁的东西可供模仿？现有的发明能否引入到其他的创造性设想之中？我们发现的例子是：

（3）现有的东西是否可以做出某些改变？改变一下会怎么样？可否改变一下形状、颜色、速度、味道等？是否可以改变一下功能定位、型号、模具、运动形式等？改变之后，效果又将如何？我们发现的例子是：

（4）放大、扩大。现有的东西能否扩大使用范围？能不能增加一些东西？能否添加部件，拉长时间，增加长度，提高强度，延长使用寿命，提高价值，加快转速等？我们发现的例子是：

（5）缩小、省略。缩小一些怎么样？现在的东西能否缩小体积，减轻重量，降低高度，压缩、变薄？能否省略一些不必要的环节，能否进一步细分？我们发现的例子是：

（6）能否代用。可否由别的东西代替，由别人代替？用别的材料、零件代替，用别的方法、工艺代替，用别的能源代替？可否选取其他地点或市场？我们发现的例子是：

(7) 从调换的角度思考问题。能否更换一下先后顺序？可否调换元件、部件？是否可用其他型号，可否改成另一种安排方式？原因与结果能否对换位置？能否变换一下时间等？我们发现的例子是：

(8) 从相反方向思考问题，通过对比也能成为激发想象力的宝贵源泉，可以启发人的思路。倒过来会怎么样？上下是否可以倒过来？左右、前后是否可以对换位置？里外可否倒换？正反是否可以倒换？可否用否定代替肯定？我们发现的例子是：

(9) 从综合的角度分析问题。组合起来怎么样？能否装配成另一个系统？能否把目的进行组合？能否将各种想法进行综合？能否把各种部件进行重新组合等？我们发现的例子是：

请同学们分享你们找到的示例，通过对这个方法的形象化思考，能够使同学们更好地利用这个方法。

小组是否分享了我们的思考？ □是 □否

✔ 我在小组工作中的贡献度，按小组整体为 100% 计算，我应该占＿＿＿＿％。

5. 现在请同学以小组的形式，针对自己的项目，利用奥斯本检核表法再次思考自己的项目，通过发散思维，对项目进行有价值的创新思考。

（1）本组项目的产品或服务（如产品、材料、模式等）有无其他用途？保持原状不变能否扩大用途？稍加改变，有无别的用途？我们对此的思考是：

（2）本组项目能否从别处得到启发？能否借用别处的经验或发明？外界有无相似的想法，能否借鉴？过去有无类似的东西，有什么东西可供模仿？谁的东西可供模仿？现有的发明能否引入到其他的创造性设想之中？我们对此的思考是：

（3）现有的东西是否可以做出某些改变？改变一下会怎么样？可否改变一下形状、颜色、速度、味道等？是否可以改变一下功能定位、型号、模具、运动形式等？改变之后，效果又将如何？我们对此的思考是：

（4）放大、扩大。现有的东西能否扩大使用范围？能不能增加一些东西？能否添加部件，拉长时间，增加长度，提高强度，延长使用寿命，提高价值，加快转速等？我们对此的思考是：

（5）缩小、省略。缩小一些怎么样？现在的东西能否缩小体积，减轻重量，降低高度，压缩、变薄？能否省略一些不必要的环节，能否进一步细分？我们对此的思考是：

（6）能否代用。可否由别的东西代替，由别人代替？用别的材料、零件代替，用别的方法、工艺代替，用别的能源代替？可否选取其他地点或市场？我们对此的思考是：

（7）从调换的角度思考问题。能否更换一下先后顺序？可否调换元件、部件？是否可用其他型号，可否改成另一种安排方式？原因与结果能否对换位置？能否变换一下时间等？我们对此的思考是：

（8）从相反方向思考问题，通过对比也能成为激发想象力的宝贵源泉，可以启发人的思路。倒过来会怎么样？上下是否可以倒过来？左右、前后是否可以对换位置？里外可否倒换？正反是否可以倒换？可否用否定代替肯定？我们对此的思考是：

（9）从综合的角度分析问题。组合起来怎么样？能否装配成另一个系统？能否把目的进行组合？能否将各种想法进行综合？能否把各种部件进行重新组合等？我们对此的思考是：

✓ 我在小组工作中的贡献度，按小组整体为 100% 计算，我应该占_____%。

请同学们分享你们对本组项目的创新思考。

小组是否分享了我们的思考？ □是 □否

二、竞品分析与创新借鉴

1. 创新是为了给客户更好的价值体验，也是为了能应对激烈的竞争。而客户的价值体验是在对比中产生的，市场竞争的核心，也是对客户的竞争。所以要把握分析好竞争对手，从竞品的分析中进行创新。这也是奥斯本检核表法中提到的内容。请同学们针对本组项目的竞争对手，从商业模式 9 要素的维度，对竞争对手进行分析，并找出可能通过创新产生自身优势的方法。

（1）客户细分与天使客户

对手是怎么做的：

我们借鉴或创新的对策是：

（2）价值主张（产品与服务）

对手是怎么做的：

我们借鉴或创新的对策是：

（3）营销渠道

对手是怎么做的：

我们借鉴或创新的对策是：

（4）客户关系

对手是怎么做的：

我们借鉴或创新的对策是：

（5）核心资源

对手是怎么做的：

我们借鉴或创新的对策是：

（6）关键业务

对手是怎么做的：

我们借鉴或创新的对策是：

（7）伙伴网络

对手是怎么做的：

我们借鉴或创新的对策是：

（8）收入来源

对手是怎么做的：

我们借鉴或创新的对策是：

（9）成本结构

对手是怎么做的：

我们借鉴或创新的对策是：

2. 创新需要实力，不能仅仅是想法，需要脚踏实地的付出努力和实践。在国家产业转型升级的大背景下，上市公司代表了各个行业的标杆，也是产业转型升级的主要群体，更是创新的主力军。同学们要考虑的是，如何建立与上市公司的业务关联，把其融入产业生态中，在自身项目还不够强大的时候，不要与上市公司量级的企业产生正面的业务冲突，而是要争取尽可能的合作，使其成为项目推进的资源。下面请各组通过网络查询并思考以下问题，将结果与同学们分享。

（1）本组项目的专业领域有哪些上市公司。请阅读至少三家公司的业务年报，全面了解他们的主营业务和战略发展方向：

（2）选定一家在主营业务或战略发展方向上与本组项目相同或相关的上市公司，详细分析与本组项目相关的业务或发展规划：

（3）通过资料分析，找出他们业务或今后的创新点、创新方向，他们在创新中是怎么做的：

（4）如何能使本组项目与这家上市公司对接，对接一定是互利互惠，而不是占便宜：

①在哪些方面可以联合研发：

② 可否作为他们的上游，作为他们研发或开拓市场的产品或服务供应商：

③ 可否作为他们的下游，作为他们服务的产品的代理、分销或售后的供应商：

④ 本组项目给他们提供了哪些创新可以吸引他们合作：

⑤ 本组项目可以借鉴他们的哪些创新，完善自己的产品与服务，进而促成合作：

三、课程作业

1. 知识性作业

（1）奥斯本检核表法在应用中有什么前提？具有普适性吗？

（2）怎么查询上市公司的业务情况最有效，你有哪些方法？

（3）了解竞争对手的情况，你有哪些行之有效方法？如何获取更准确的信息？

（4）你认为在商业模式9要素中，哪些要素的创新最有价值，为什么？

（5）你认为在商业模式9要素中，哪些要素的创新最有难度，为什么？

（6）你认为在商业模式9要素中，哪些要素的创新最容易，为什么？

（7）利用奥斯本检核表法对你现在的生活和学习，做出一点创新，并了解同学对你这个创新的反馈。（你创新的是什么，同学反馈给你的是什么？）

（8）创新是否有风险？风险在哪里？

（9）创新需要哪些资源，怎么才能获取这些资源？

2. 调研性作业

（1）针对你的研究样本，分析一下他们在做哪些创新，他们是怎么做的。

（2）他们在创新过程中是怎么管理的，投入了什么？

（3）结合奥斯本检核表法，请对他们的创新提出你的一点建议。将你的建议反馈给他们，他们对你建议的看法是怎样的。需要将你们的谈话（聊天）记录截图贴在作业本上；如果是面谈，需要附上你们的现场合影。

3. 实践性作业

（1）从商业模式 9 要素出发，基于对竞争对手的研究和对接上市公司的业务，利用奥斯本检核表法对本组项目进行全面的具有可操作性的创新升级，然后从商业模式实现的角度，系统进行项目的描述。

（2）将你们项目创新后的描述与你的导师交流，将导师的反馈记录下来。需要将你们的谈话（聊天）记录截图贴在作业本上；如果是面谈，需要附上你们的现场合影。

第八章　创业团队

本章知识点

知识点 1	领导者特质	知识点 11	专业顾问
知识点 2	创业团队定义	知识点 12	团队成员的评估
知识点 3	创业团队的组成要素	知识点 13	创业团队的行动原则
知识点 4	创业团队类型	知识点 14	创业型领导
知识点 5	创业团队组建过程	知识点 15	建立和管理团队遵循的原则
知识点 6	团队与群体的差异	知识点 16	创业团队协作遵循的要求
知识点 7	团队群体的特殊形态	知识点 17	创业团队的股权分配
知识点 8	创业团队的构成	知识点 18	确定所有股权分配时，创业者遵
知识点 9	初始合伙团队		循的原则
知识点 10	董事会	知识点 19	九种团队角色

本章教学目标

通过本章的学习让学生掌握自我认知与相互认知的方法，理解个体的差异与角色，通过工作中的配合与运用团队管理方法的基本技能，明确团队目标，推动自身项目的落地实操。同时可将团队管理的方法应用到专业学习、生活与职业发展中。

一、创业团队的构成

1. 在创业资源的学习中，同学们思考了在成长的历程中，取得过哪些引以为荣的成绩，又有哪些遗憾，是什么原因使你取得了成绩，又是什么原因造成了遗憾，通过这些实例分析，请给自己做一个画像。

(1) 从取得的成绩来看，在知识方面，我的优势是：

(2) 从取得的成绩来看，在技能方面，我的优势是：

(3) 从取得的成绩来看，在资源方面，我的优势是：

(4) 从取得的成绩来看，在自我管理方面，我的优势是：

(5) 从取得的成绩来看，在视野与机遇把握方面，我的优势是：

（6）从目前的遗憾来看，在知识方面，我的不足是：

（7）从目前的遗憾来看，在技能方面，我的不足是：

（8）从目前的遗憾来看，在资源方面，我的不足是：

（9）从取得的成绩来看，在自我管理方面，我的劣势是：

（10）从取得的成绩来看，在视野与机遇把握方面，我的劣势是：

通过以上分析，同学们以事实为例，对自己构建了清晰的画像。基于这些分析，在一个创业团队中，你认为自己能够胜任哪些工作？为什么？你希望自己成为什么样的人：

请将你的自我画像与定位分析在小组中分享。通过小组同学的集体分享，大家加深了解。小组同学基于彼此的了解和以往在课程中的表现，组内可以通过讨论或投票的方式，选出一个组长。请组长在全班用自我画像和课程表现的事实做一个自我介绍和就任演讲（整体时间 5 分钟）

我们的组长是：

我对他的期望是：

2. 请各小组结合本组的项目，完成创业团队的建设。小组成员协作完成以下训练。

（1）为自己的团队（公司）起一个名字：

（2）为自己的团队（公司）设计一个 LOGO：

LOGO

（3）用一段话说明你们是做什么的，要突出你们的主营业务和创新特色（100 字以内）：

（4）设计你们的经营理念：

（5）设计你们的发展目标：

（6）现有成员初步的分工是：

（7）需要什么样的人加入你们的团队（越具体越好）：

（8）能给加入者什么回报（越具体越好）：

（9）团队做一个风采展示，拍摄一张照片，发到班级群里。

（10）各组分别进行团队建设展示（各3分钟），全班投票，选出大家最看好的项目团队。

3. 在创业活动开展的不同阶段，由于项目的不同，团队资源背景不同，所需的能力也不同。其中管理能力是基础，技术能力是核心，营销能力是关键。基于这三项基本能力，团队成员的职能定位，也可基本定位为管理类工作、技术类工作和营销类工作，这体现了能力与工作的对应性。从价值创造的角度来讲，创业团队在开始创业时，需要具备分析市场的能力、信息获取能力、信息分析统计能力，目的只有一个，就是要科学决策，捕捉到真正属于你的机会；在进行目标决策后，创业团队需要具备开发设计能力、组织生产能力、自我否决能力、验证能力，其目的就是要提出你的价值主张，也就是你用什么样的产品与服务，满足哪些客户的什么需求；当你的产品或服务进入市场后，你的团队需要具备沟通交互能力、表达能力、服务能力、金融财务能力，这些能力将使你在市场立足，获得市场的认可与生存空间；而在不断地发展当中，你们需要有战略规划能力、资源整合能力；同时在创业过程当中，你们会受到外部的各种干扰，面对各种挑战和风险，这时需要你们具备抗压能力与凝聚力，来抵御影响创业进程的各类不利因素。

请小组同学根据对彼此的了解，针对本组项目工作的开展，拟定现有成员的角色定位。在这个过程中，同学们可能会发现，我们的团队到底欠缺哪类人才，以及我们自身所缺失的能力。

类型	管理类	技术类	营销类
人员			

请各组分享一下你们团队的人员定位，请阐明理由和发现的问题，找出问题的根源与相应的解决办法。

这些能力的表现，都是基于团队的核心价值观，从事物的角度看，表达的是价值主张，所有的能力都要服务于价值观与对事物的价值主张。价值主张可以简单地理解为用什么样的产品与服务，满足哪些客户的什么需求。

要想知道团队是否具备这些能力，首先要从个体能力出发，分析团队中成员的个人能力，当把成员的个人能力了解清楚后，就需要开始分析判断创业团队具备哪些能力。在创业过程中，我们能力的不足与优势都会展现出来，当面对不足时，我们要做的就是不断地提升各个方面的能力来使团队更加强大。当具有优势时，要考虑如何将这种能力转化为核心竞争力，形成特色，支持创业活动走向成功。（齿轮组合图）

能力需要储备、需要运用、也需要激发。一个创业团队的能力是在不断磨砺中强大的。在这个过程中，我们既要弥补或规避自己团队的短板，也要发挥和打造自己团队的长板。请同学们基于本课程学习的历程，针对本组的项目分析一下，这个创业团队在各个创业阶段的能力如何。

(1) 我们团队一致认同的价值观是（用 5 个关键词代表）

(2) 识别创业机会方面：

具备的能力：

欠缺的能力：

弥补措施：

(3) 产品与服务设计研发方面：

具备的能力：

欠缺的能力：

弥补措施：

(4) 市场推广方面：

具备的能力：

欠缺的能力：

弥补措施：

(5) 产品营销与客户服务方面：

具备的能力：

欠缺的能力：

弥补措施：

(6) 项目发展与战略规划方面：

具备的能力：

欠缺的能力：

弥补措施：

4. 团队的能力不仅体现在每一个创业团队成员身上，更是团队成员在某一个能力方向上的集合。那么，团队成员如何才能将这些能力发挥出来呢，能力的发挥是基于角色、身份与工作定位的，也就是说，当你定位在一个工作岗位上，担当着团队中的某些角色时，你只有具备了工作能力，才有可能完成任务，扮演好这个角色。优秀创业团队的九种角色是实干者、创新者、专家、完美者、监督者、推进者、协调者、信息者、凝聚者。一个优秀团队中这九种角色缺一不可。下面我们就详细了解一下这九种角色具体是什么，每一种角色又有什么样的特征，在团队中的作用是什么。

（1）团队中的9类角色

1）实干者：

【特征】

① 不喜欢空谈，讲究实干；

② 有很好的自控力和纪律性；

③ 崇尚努力，计划性强，喜欢用系统的方法解决问题；

④ 性格相对内向，有时比较保守；

⑤ 通常会把一个主意转化成一个实际的行动；

【优点】

① 组织能力强，非常务实；

② 对工作有一种责任感，效率很高；

③ 忠诚度高，为团队整体利益着想而较少考虑个人利益；

④ 工作努力，自律性好。

【缺点】

① 处理问题缺乏灵活性；

② 缺乏激情和想象力；

③ 往往不会主动寻求变化。

【作用】

实干者在团队中作用巨大；他们能够根据团队需要来完成工作；好的实干者会因为出色的组织技能和执行能力而胜任高职位，能够有力地推动使创业团队实现目标的进程。

2）创新者：

【特征】

① 思维活跃，爱出主意；

② 不受条条框框约束，不拘小节，难守规则；

③ 大多性格内向，个性鲜明，对许多问题的看法与众不同；

④ 喜欢按照自己的方式生活和工作，有时被视为"另类"；

【优点】

① 具有丰富而渊博的知识，思路开阔，观念新，富有想象力；

② 在团队常常能提出一些新想法，有利于团队开拓思路；

【缺点】

① 想法可能偏激或缺乏实际感；

② 有自我优越感，不善于与人打交道；

③ 不太注重一些细节问题上的处理方式；

【作用】

通常在一个项目刚刚启动的时候，或团队陷入困境不知怎么办的时候，创新者显得非常重要。创新者通常会成为一个公司的创始人，也容易成为一个新产品的发明者。有时从外界吸引一些创新者加入团队时，会带来一种文化的冲突和思维的革命，这对于创业团队而言是很有意义的。

3）技术专家：

【特征】

① 为自己所拥有的专业知识和技能自豪，并陶醉其中；

② 坚持原则，维护标准；

③ 希望得到别人的尊重与认可。

【优点】

① 热衷于自己的奉职专业，甘心奉献，积极主动；

② 事业心强，具有专注力。

【缺点】

① 较为自我，对别人不感兴趣；

② 不太容易接受别人非专业的意见；

③ 希望得到在本专业方面的更多支持。

【作用】

他们在团队中的作用是为团队的产品和服务提供专业的支持，有可能成为核心竞争力的代表人物。

4）完美者：

【特征】

① 做事非常注重细节，力求完美，具有理想主义情节；

② 通常性格内向，工作动力源于内心的渴望；

③ 喜欢做有把握的事情。

【优点】

① 具有一种持之以恒的毅力；

② 追求卓越，工作勤奋，对工作要求标准很高；

③ 遵守秩序，崇尚标准，勤奋努力；

④ 对下属要求严格。

【缺点】

① 给别人传递了过多的工作压力，对下属往往缺乏信任；

② 喜欢事必躬亲，不太愿意授权；

③ 过于注重细节，相对容易忽视全局。

【作用】

对于创业团队而言，完美者是高质量推进项目的保证。因为他们崇尚标准、注重准确、关注细节，并能坚持不懈地持续追求。其品质有利于良好工作作风的树立。

5）监督者：

【特征】

① 通常比较严肃、严谨、理智；

② 同事之间常保持一定的距离；

③ 比较喜欢挑刺，找毛病；

④ 对人、对事表现得言行谨慎，公平客观。

【优点】

① 冷静，不容易情绪化，能理智处理问题；

② 有很强的批判性；

③ 善于分析和评价，善于权衡利弊，判断能力强。

【缺点】

① 比较缺乏对团队中其他成员的鼓动力和煽动力；

② 相对欠缺团队的融入感。

【作用】

在创业团队中，很多监督者处于团队的战略性位置中，其理智思维和较强的判断力，往往能使团队在关键性决策上少犯错误，最终推动项目的成功。

6）推进者：

【特征】

① 说干就干，讲求效率；

② 目标明确，工作主动；

③ 大多性格开朗，喜欢交际，容易与人接触；

④ 喜欢争辩，愿意挑战；

⑤ 思维比较敏捷，看问题思路比较开阔，能从多方面考虑解决问题的方法。

【优点】

① 办事效率非常高；

② 有高度的工作热情和成就感；

③ 善于解决工作中的问题；

④ 对新观点接受更快，富有激情；

⑤ 工作抗压能力好；

【缺点】

① 遇到事情表现得比较冲动，容易产生急躁情绪。

② 容易与人争执，看不起低效率的人。

【作用】

推进者一般是高效的管理者，敢于面对困难，迎接挑战。推进者是创业团队有效推进创业进程的最有效成员。

7）协调者：

【特征】

① 视野开阔，受人尊重；

② 善于引导一群不同技能和个性的人向着共同的目标努力；

③ 冷静，不易情绪化。

【优点】

① 成熟、自信，办事客观，不带个人偏见；

② 具有个性感召力，善于发现别人的优点；

③ 能以大局为重，具有自控力；

④ 具有判断力，善于协调各种错综复杂的关系。

【缺点】

① 管理下属的能力弱。

② 相对缺乏创造力和想象力；

③ 有时因注重人际关系而忽略团队目标。

【作用】

协调者是创业团队中的润滑剂，善于处理内部问题，能将不同类型的成员组织到一起，向共同的目标迈进。

8）信息者：

【特征】

善于跟别人打交道；

【优点】

① 善于捕捉信息，感知外部的变化；

② 对新事物敏感；

③ 具有良好的沟通能力；

④ 求知欲很强，并且很愿意去不断地探索新的事物；

⑤ 他们勇于迎接各种新的挑战。

【缺点】

① 给人留下不踏实的印象。

② 相对欠缺专注力。

【作用】

信息者善于外联、公关和谈判，并能将团队外部的有关信息进行反馈，是创业团队中与市场连接的纽带，是发现市场和客户需求的探索者。

9）凝聚者：

【特征】

① 善于与人打交道，团队融入感强；

② 处事灵活；

③ 不会发表对团队不利的观点和想法；

④ 信守"和为贵"，性情温和，敏感。

【优点】

① 善解人意，总能够关心、理解、同情和支持别人；

② 任何人提出的建议他都会很在意，同样也很在意自己的行为给别人带来什么样的影响；

③ 大局观强，能够促进团队成员之间的相互合作；

④ 善于调和各种人际关系，有很强的社交能力和理解能力；

⑤ 在团队中不会对任何人构成危险；

⑥ 对周围环境和人群具有极快的适应能力。

【缺点】

容易优柔寡断，不能当机立断。

【作用】

凝聚者是团队中很积极一个成员。当团队有问题，有矛盾，关系复杂，冲突比较多的时候凝聚者的作用非常重大；能整合各种有利因素，推动业务发展。凝聚者是形成创业团队高昂士气的核心。

（2）创业团队的每个成员，在创业的过程中都担当着不同的角色，很少有人只承担了一种角色，往往是集多种角色于一身，只不过角色的程度有强有弱，这与他们的能力和工作定位有关；换句话说，团队中的一个角色也往往是几个成员共同担当，有人表现更强一些，有人相对弱一些。请同学们基于对角色的理解，结合自我画像与分析，给自己在团队中做一个角色定位。你认为能完全胜任的画 ✓，你认为能部分胜任的画 〇，你认为不能胜任的画 ✗。个人完成后，在团队内汇总，看看有哪些角色重合的人多，还有哪些角色空缺。针对这种情况，你们打算怎么办？

1）我的角色分析是：

角色	实干者	创新者	专家	完美者	监督者	推进者	协调者	信息者	凝聚者
胜任									

2）我们团队的角色分布是：两个 〇，按一个 ✓ 计算。

角色	实干者	创新者	专家	完美者	监督者	推进者	协调者	信息者	凝聚者
胜任									
人数									

3）基于上述情况，我们团队的对策是：

请同学们分享你们对团队角色的思考。

小组是否分享了我们的思考？ □是 □否

✔ 我在小组工作中的贡献度，按小组整体为 100% 计算，我应该占＿＿＿＿＿%。

二、团队的工作与管理方式

1. 创业团队，就是由少数具有技能互补的创业者组成，他们为了实现共同的创业目标和一个能使他们彼此担负责任的程序，共同为达成高品质的结果而努力的共同体。创业团队需具备五个重要的团队组成要素，称为 5P 要素。创业团队在进行创业活动过程中需要明确目标、人员合理分工、准确定位、划分权限和制定实施计划。而总结为 5P 要素就是目标、人、定位、权限、计划。

（1）目标（Purpose）：团队应该有一个既定的目标，为团队成员导航，指引前进的方向。没有目标，这个团队就没有存在的价值。

（2）人（People）：团队是由人组成的，人是构成团队最核心的力量。确定团队目标、定位、职权和计划，都只是为团队取得成功奠定基础，最终能否获得成功还是取决于人。选择成员的原则还是一样要根据团队的目标和工作定位。一旦明确了团队需要进行哪些工作，下一步要做的事情就是制定出团队人员的职责和其要完成的工作，由此就可以明确他们每个人都有哪些技能、学识、经验和才华。更重要的是，这些资源在多大程度上符合团队的目标、定位、职权和计划的要求？这都是在选择和决定团队成员时必须认真了解的。

（3）定位（Place）：团队的定位包含两层意思。一是团队的定位，即创业团队在整个产业生态中处于什么位置，什么因素会对团队创业成败产生影响，哪些因素有利于团队的整体提升，进而推动创业的进程。二是个体的定位。作为创业团队的成员在团队的创业活动中扮演什么样的角色，这个角色定位在什么情况下会发生变化。明确团队的定位是非常重要的，因为不同类型的团队有着极大的差异，它们在工作周期、一体化程度、工作方式、授权大小和决策方式上都有很大的不同。如一个服务团队可能需要持久的工作，它的一体化程度是非常高的，它的成员中的差异化不是很严重；可是一个研发团队的工作周期可能很短，但是它的成员的差异化要求会很高。

（4）权限（Power）：明确团队中各成员的权限是非常重要的，会影响到团队的效率与质量。团队当中领导人的权力大小跟团队的发展阶段相关。一般来说，团队越成熟，领导者的权力相应越小，在团队发展的初期，领导权是相对比较集中的。整个团队权限主要是指决定权，如财务决定权、人事决定权、信息决定权、临时处置权等。有了定位、有了权限，才能使团队中的每个成员的能力得以发挥，才能推动创业活动的进程。

（5）计划（Plan）：团队目标愿景的实现不可能一蹴而就，必须是有计划、有步骤地逐步推进。按计划进行可以保证团队的进度。只有按计划操作，团队才会有步骤地接近目标，从而最终实现目标。团队成员应该分别做哪些工作，如何做？具体讲这就是计划工作。一份好的团队工作计划常常能够回答以下问题：每个团队有多少成员才合适？团队需要什么样的领导？团队领导职位是常设的还是由成员轮流担任？领导者的权限和职责分别是什么？应该赋予其他团队成员特定职责和权限吗？各个团队应定期开会吗？会议期间要完成哪些工作？预期每位团队成员把多少时间投入团队工作？如何界定团队任务的完成？如何评价和激励团队成员？

（6）同学们在理解5P要素的基础上，针对本组的创业项目分析自己的团队初步完成《创业团队5P分析表》，看看我们是否满足了团队建设的需求，可以去考虑启动项目了。

目标	人	定位	权限	计划

(7) 同学们在前面的基础上，针对本组的创业项目，通过小组讨论的方式，初步拟定你们的工作计划。

① 我们项目团队有多少成员才合适，为什么？

② 团队需要什么样的领导，为什么？

③ 团队领导职位是常设的还是由成员轮流担任，为什么？

④ 领导者的权限和职责分别是什么，为什么？

⑤ 该赋予其他团队成员特定职责和权限吗，为什么？

⑥ 我们团队应定期开会吗，为什么？

⑦ 会议期间要完成哪些工作任务，为什么？

⑧ 预期每位团队成员把多少时间投入团队工作，为什么？

⑨ 如何界定团队任务的完成，为什么？

⑩ 如何评价和激励团队成员，为什么？

✓ 我在小组工作中的贡献度，按小组整体为 100% 计算，我应该占＿＿＿＿%。

请同学们分享你们对团队建设的思考与设计。

小组是否分享了我们的思考？ □是 □否

2. 在第 1 章双创启蒙的学习中，我们已经了解了提高自己与小组工作、学习质量的方法，如 PDCA 和 SMART，这些工具也同样适合于创业团队的工作管理。团队本身就是有着极强互补性的小群体，他们在一起建立各种目标，并以共同努力的方式，使这些目标实现。不同的人群对于团队一词有着不同的阐述，但是他们对团队的本质却有着相同的理解。一是团队要使成员的个性得到充分的发挥，二是要让团队成员进行良好的协作。只有这两种本质同时满足的情况下，一个团队才能称得上是高效团队。如何令团队成为高效的团队，取决于创业者对团队的管理。

（1）创业团队的管理常规状况是内部不成熟，内外不确定，在这种复杂的情况下，运作就会出现问题。

1）内部不成熟。创业者在创业活动中需要伴随创业的进程进行必要的角色转换，以前没有主持过企业全面工作，现在主持全面工作，需要角色转变，必然面临成长中的不成熟性，更何况，这件事情又是具有创新性的，在新兴的领域，周边环境、合作伙伴都具有不确定性，进行开创性的工作时，在创业团队的管理中就会出现一系列的问题。

2）创业团队管理中出现的问题，主要体现在既定的目标没有实现，也就是 PDCA 循环没有实现。PDCA 可以应用在团队管理中，下面我们就通过 PDCA 探讨团队管理中常见的问题。

3）PDCA 循环是全面质量管理体系运转的基本方法。全面质量管理活动的全部过程，就是质量计划的制订和组织实现的过程，这个过程就是按照 PDCA 循环，不停顿地周而复始地运转。创业活动的推进，也是遵循了 PDCA 循环。PDCA 即 Plan(计划)、Do(实施)、Check(查核)、Action(处置)，是持续改进（改善）所应遵行的基本步骤。

① 计划：是指建立改善的目标及行动方案。

② 实施：又称执行，是指依照计划有效推进工作。

③ 查核：指确认检查是否依计划的进度在实行，以及是否达成预定的计划。

④ 处置：指新作业程序的实施及标准化，以防止原来的问题再次发生。（或设定新的改进目标）。

4）PDCA 不断地循环，一旦达成改善的目标，改善后的现状便随即成为下一个改善的目标和下一个计划的基础。PDCA 的意义就是永远不满足现状，因为员工通常较喜欢停留在现状，而不会主动去改善。所以管理者必须持续不断地设定新的挑战目标，以带动 PDCA 循环。

5）PDCA 内涵是对总结检查的结果进行处理，成功的经验加以肯定并进行适当的推广、标准化；把失败的教训加以总结，未解决的问题放到下一个 PDCA 循环里。

6）创业活动由于其内部的不成熟性与内外的不确定性，对 PDCA 循环的速度和质量提出了更高的要求。创业者及创业团队需要围绕创业目标，依据内外部的实际情况确定工作计划并快速实施，在实施中必然会由于诸多因素导致计划实施过程不顺畅（如出现困难，产生风险等，这也是创业的特性所致。），这就有必要随时进行检查，并针对检查结果，及时进行调整，实施调整后的计划，进而推动创业的进程。

7）PDCA 循环的特点，一是大环带小环，即类似行星轮系，一个团队或组织的整体运行体系与其内部各子体系的关系，是大环带小环的有机逻辑整合体。即整个创业团队在实施 PDCA 循环，同时，创业团队中的每项工作，也是在进行着 PDCA 循环，甚至于每个创业团队成员自身也有一个 PDCA 循环。这些循环就像齿轮，各个齿轮的有效运行才能产生发动机的前进动力。二是阶梯式上升，PDCA 循环不是停留在一个水平上的循环，不断解决问题的过程就是水平逐步上升的过程，这也造就了创业活动的不断推进。

8）实施 PDCA 循环的 8 个步骤，同学们可参照第一章双创启蒙的内容。

9）请同学们针对本组项目的启动和推进，拿出利用 PDCA 循环保证项目推进的方案：

我们将怎样制定计划：

在实施中，我们如何进行过程管理，保证计划的有效执行：

我们如何进行检查，检查的依据和标准有哪些：

我们如何处置问题，处置问题的原则是什么：

✔　我在小组工作中的贡献度，按小组整体为 100% 计算，我应该占＿＿＿＿%。

请同学们分享你们对 PDCA 应用的思考与设计。

小组是否分享了我们的思考？　□是　　□否

（2）启动和推进创业项目，必然会涉及目标管理。目标管理中，有一项原则称为「SMART」，分别由「Specific、Measurable、Attainable、Relevant、Time－based」五个词组组成。这是制定工作目标时，必须谨记的五项要点。

1）【Specific——明确性】

所谓明确就是要用具体的语言清楚地说明要达成的工作目标。明确的目标几乎是所有成功团队的一致特点。很多团队不成功的重要原因之一就因为目标定的模棱两可，或没有将目标有效地传达给相关成员，这时候问题就有可能产生了。实施要求目标设置要有项目内容、衡量标准、达成措施、完成期限以及资源要求，使创业者能够很清晰地看到各个业务环节计划要做哪些事情，计划完成到什么样的程度。

2）【Measurable——衡量性】

衡量性就是指目标应该是明确的，有标准的，可量化的，而不是模糊的。应该有一组明确的数据，作为衡量是否达成目标的依据。如果制定的目标没有办法衡量，就无法判断这个目标是否实现。由于目标的不量化，就容易造成上下级对目标理解的不同。但并不是所有的目标都可以衡量，有时也会有例外，比如说大方向性质的目标就难以衡量。实施要求目标的衡量标准遵循"能量化的质化，不能量化的感化"。使制定人与考核人有一个统一的、标准的、清晰的可度量的标尺，杜绝在目标设置中使用形容词等概念模糊、无法衡量的描述。对于目标的可衡量性应该首先从数量、质量、成本、时间、上级或客户的满意程度五个方面来进行，如果仍不能进行衡量，其次可考虑将目标细化，细化成分目标后再从以上五个方面衡量，如果仍不能衡量，还可以将完成目标的工作进行流程化，通过流程化使目标可衡量。

3）【Attainable——可实现性】

目标要能够使执行人接受，如果上司利用一些行政手段，利用权力的影响力一厢情愿地把自己所制定的目标强压给下属，下属典型的反应是一种心理和行为上的抗拒：我可以接受，但是否完成这个目标，有没有最终的把握，这个可不好说。一旦有一天到了这个目标真完成不了的时候，下属有一百个理由可以推卸责任：你看我早就说了，这个目标肯定完成不了，但你坚持要压给我。定目标时先不要想达成的困难，不然热情还没点燃就先被畏惧给打消了。目标设置要坚持员工参与、上下左右沟通，使拟定的工作目标在组织及个人之间达成一致。既要使工作内容饱满，也要具有可达性。要制定出跳起来"摘桃"的目标，不能制定出跳起来"摘星星"的目标。

4）【Relevant——相关性】

目标的相关性是指实现此目标与其他目标的关联情况。如果实现了这个目标，但对其他的目标完全不相关，或者相关度很低，那么这个目标即使被达到了，意义也不是很大，因为没有融入团队目标的整体中。

5）【Time-bound——时限性】

时限性就是指目标是有时间限制的。实施要求目标设置要具有时间限制，根据工作任务的权重、事情的轻重缓急，拟定出完成目标项目的时间要求，定期检查项目的完成进度，及时掌握项目进展的变化情况，以方便对下属进行及时的工作指导，以及根据工作计划的异常情况变化及时地调整工作计划。

6）应用 SMART 分析 PDCA 中的任何一点都是可以实现的，结合两种工具，可以使你们的创业活动更加清晰。应用 PDCA 发现问题，再应用 SMART 逐步分析应对和解决问题。

7）请同学们应用 SMART 原则，以本组项目启动为目标，对此目标进行科学的细化与说明。

明确性：

衡量性：

可实现性：

相关性：

时限性：

✔ 我在小组工作中的贡献度，按小组整体为 100% 计算，我应该占＿＿＿＿＿%。

请同学们分享你们应用 SMART 原则设计的项目启动目标。

小组是否分享了我们的思考？ □是 □否

三、课程作业

1. 知识性作业

（1）什么是创业团队？团队与群体的区别是什么？

（2）你认为创业团队应具备的能力在就业和职业发展中有什么意义？

（3）你打算如何提升自己的能力短板？请提出具体可执行的措施。

（4）请应用 SMART 原则，给自己制定一个下学期的目标。

2. 调研性作业

（1）针对你的研究样本，分析一下他们公司是如何进行管理的。

（2）研究样本的对接人在他们团队中是什么定位？扮演了什么角色？

（3）研究样本的对接人在他们团队中的定位是否发生过变化，是在什么情况下发生变化的？

（4）研究样本的对接人对你有什么职业定位的建议。需要将你们的谈话（聊天）记录截图贴在作业本上；如果是面谈，需要附上你们的现场合影。

3. 实践性作业

（1）针对本组项目，做一个招聘简章。

（2）详细制定你们团队的管理方案和项目启动计划。

（3）将你们团队的管理方案和项目启动计划与你的导师交流，将导师的反馈记录下来。需要将你们的谈话（聊天）记录截图贴在作业本上；如果是面谈，需要附上你们的现场合影。

第九章 创业计划

本章知识点

知识点 1　商业计划书的定义

知识点 2　商业计划书的类型

知识点 3　商业计划的概念

本章教学目标

通过本章的学习使学生认识到创业计划的作用与内容，能够自行撰写"创业计划书"，可以清晰表达项目的创意、实施方案和愿景，通过建立多维视角，运用创业计划的分析与评估的方法，能够识别项目的优劣，可以将所学应用到专业学习、生活和职业发展中。

一、为什么做创业计划书

1. 通过前面的学习，同学们已经认识到创业不是一件容易的事情。无论是发现创业机会，设计商业模式，处置创业风险，获取创业资源，组建创业团队，还是强化项目创新，突出核心竞争力，都涉及方方面面的因素，只有科学有效地梳理清楚这些因素的关系，使其集中作用于团队项目上，才可能顺利启动项目，并推动项目向正确的方向发展。

2. 创业的过程虽然事务众多且繁杂，但也不是无章可循。创业计划书就可帮助同学们梳理有关启动与推进项目的各个要素，进而明确项目方向，分析项目市场，确定价值主张，设计商业模式，规划项目运作，构建项目管理等。那么这个梳理与阐述，对初创团队而言有什么价值呢？同学们可以从对内与对外两个角度进行思考。请小组通过讨论的方式，完成以下思考，并与全班同学分享。

(1) 创业计划书对创业团队内部的价值

1) 对团队成员的价值：

2) 对招募员工的价值：

3) 对开展业务的价值：

4）从 PDCA 循环的角度发现的价值：

5）从 SMART 原则的角度发现的价值：

（2）创业计划书对创业团队外部的价值

1）对投资人的价值：

2）对合作伙伴的价值：

3）对政府机构的价值：

4）对客户的价值：

✔　我在小组工作中的贡献度，按小组整体为 100% 计算，我应该占_____%。

请同学们分享你们对创业计划书价值的思考。
小组是否分享了我们的思考？　□是　　□否

二、创业计划书的构成

1. 一份完整的创业计划书，可以展现创业项目和创业团队对项目运作的思考与设计，是项目价值与团队实力的展现。其核心在于把事情科学合理地说清楚，不在于写多少，而在于准确清晰的表达，体现出对项目全貌和重点的把握。

2. 创业计划书的内容结构是有要求的。按照这个内容结构，可以将创业项目基本讲清楚，也能体现创业团队对项目的设计与思考。下面，引领同学们把握创业计划书的内容结构与撰写逻辑。

(1) 封面　封面需要明确项目名称、项目团队（公司）、编制日期、联络方式和 LOGO 等。同学们要知道，外人看到创业计划书的时候，首先看到的就是封面。能否吸引眼球，体现团队品味与认真的态度，这是给他人的第一印象。那么，你们的思路是什么：

(2) 项目概述　项目概述是用一段文字和图表的方式，使他人能在一分钟内较为全面地了解你们的项目。同学们可以按如下格式描述：在　　　　背景或趋势下，我们通过对　　　　的创新，向　　　　提供了　　　产品/服务，解决了　　　　的　　问题或是更好地满足了的　　　　需求，优化了客户体验，我们已经完成了　　　　，我们的　　　　得到了市场的验证，我们已经　　　与建立了合作关系，我们下一步打算　　　，我们将以　　　为核心竞争力，争取实现发展目标。

请同学们分享你们的项目概述。

小组是否分享了我们的项目概述？　□是　　□否

✓ 我在小组工作中的贡献度，按小组整体为 100% 计算，我应该占＿＿＿%。

（3）市场分析　市场分析就是要发现市场上存在哪些问题，有哪些需求，这些是谁的问题和需求，也就是客户是谁，这个群体和群体的需求有多大，目前是怎么解决的，客户更希望得到什么样的消费体验。市场分析既要有宏观的政策趋势类分析，也要有微观的市场调查，提倡用事实说话，用数据说话。请同学们在资料收集分析的基础上，通过小组讨论，完成对本组项目的市场分析。

1）本组项目领域中的国家政策要求是：

2）本组项目的行业现状与发展趋势是：

3）本组项目所涉及的技术现状与发展趋势是：

4）本组项目所启动的地区市场的现状分析是：

5）基于现状与趋势的市场需求是：

6）目前是谁在满足这些需求：

7）他们满足这些需求的解决方案是什么：

8）国际上满足这些需求的最好解决方案是什么，核心创新在哪里：

9）我们开展市场调查的分析结果是：

10）我们主要针对的客户群体与其痛点是：

11）针对我们的解决方案，通过市场调查的反馈分析是：

12）客户特征与消费习惯是：

13）客户消费的决策流程是：

14）客户最希望解决或改善的是：

15）我们的结论是：

✔ 我在小组工作中的贡献度，按小组整体为 100% 计算，我应该占＿＿＿＿%。

请同学们分享你们对市场分析的思考。

我们小组是否分享了我们的思考？ □是 □否

（4）产品/服务说明　产品/服务说明就是基于客户需求和市场趋势，将项目的核心内容介绍清楚，主要是对产品原型的说明，其对应的是商业模式中的价值主张。最好针对原型实例进行说明。同学们通过小组讨论的方式，回答下述问题，构建产品与服务原型和体系。

1）我们解决的主要问题是：

2）我们的解决方案的应用场景是：

3）我们的解决方案包括的内容有：

4）相对于现有的解决方案，我们的创新点是：

5）我们的核心功能是：

6）我们原型验证的结果是：

7）我们的改进方向是：

8）我们今后的创新方向是：

9）我们今后的产品／服务系列是：

✓　我在小组工作中的贡献度，按小组整体为 100% 计算，我应该占＿＿＿＿％。

请同学们分享你们对产品与服务的思考。

小组是否分享了我们的思考？　□是　　□否

（5）商业模式　基于商业模式 17 要素，对如何启动与推进项目进行系统的阐述。同学们通过回答以下问题，通过小组讨论的方式，把握本组项目商业模式的说明要点。

1）本组项目的客户群体与需求是：

2）本组项目的天使客户与需求是：

3）本组项目的价值主张（产品／服务解决方案）是：

4）本组项目的营销渠道与营销方式有哪些：

5）本组项目如何维护客户关系：

6）本组项目具有的核心资源与资源策略是：

7）本组项目的关键业务与业务模式有哪些：

8）本组项目在产业链中的定位是：

9）本组项目如何建立上下游伙伴网络：

10）本组项目获取收益的方式是：

11）本组项目的成本结构是：

12）本组项目应对市场竞争的方式是：

✓ 我在小组工作中的贡献度，按小组整体为 100% 计算，我应该占 _____%。

13）本组项目的核心竞争力是：

请同学们分享你们对商业模式的思考。

小组是否分享了我们的思考？ □是 □否

（6）团队／资源　就是要证明你们的团队具有启动与推进本组项目的能力。同学们通过小组讨论，回答下列问题。

1）我们团队核心成员有：

2）核心成员有过哪些经历，证明核心成员具有哪些能力：

3）我们团队的外部成员有：

4）外部成员在给我们提供哪些支持，或参与哪些工作：

5）我们与外部成员的合作模式是：

6）支持我们项目的主要资源有：

7）我们与这些资源的合作模式是：

8）这些资源已经发挥了哪些作用：

9）我们团队已经取得的成绩有：

10）我们团队的管理策略是：

✓　我在小组工作中的贡献度，按小组整体为 100% 计算，我应该占＿＿＿＿＿%。

请同学们分享你们对团队与资源的思考。

小组是否分享了我们的思考？　　□是　　　□否

（7）财务分析　核心点就是分析项目的盈利能力。对于项目启动而言，要知道钱花在哪里，从哪里挣钱；对于项目的推进而言，要合理支出，扩大收入。请同学们针对本组项目，通过小组讨论的方式，对项目的启动进行财务分析，制定财务计划。

1）本组项目的主要收入来源是：

2）本组项目主营产品的单价是：

3）本组项目启动后可预期的月（或年）销售规模是：

4）本组项目其他收入来源有：

5）本组项目的主要支出项目有哪些？

6）本组项目开拓市场的支出预计占成本的百分之几：

7）本组项目设计研发的支出预计占成本的百分之几：

8）本组项目维护客户的支出预计占成本的百分之几：

9）本组项目获取资源与维护资源的支出预计占成本的百分之几：

10）本组项目用于维持公司运营的月（或年）最低成本是：

11）本组项目如何实现盈亏平衡？

12）本组项目的收入增加的同时，成本是否增加，增加比例如何？

13）本组项目启动最低投入是多少？

14）本组项目启动的开支用在哪些方面，各是多少？

请同学们分享你们对创业财务分析的思考。

小组是否分享了我们的思考？　　□是　　　□否

✔　我在小组工作中的贡献度，按小组整体为 100% 计算，我应该占 _____%。

（8）战略规划　战略规划是要基于客户细分和市场需求、趋势，对项目的发展做出预期的判断与愿景设计。在战略规划中，既要"仰望星空"，更要"脚踏实地"，具有发展的可行性措施。请同学们针对本组项目，通过小组讨论的方式，对项目发展的战略规划进行设计。

1）本组项目的全国市场有多大？

2）本组项目的启动区域市场有多大？

3）如果顺利，本组项目未来能占有多少市场份额？

4）本组项目的启动期有多久，完成启动期的里程碑是什么？

5）本组项目各阶段的目标与主要工作、时间节点是什么？

6）本组项目的战略目标是什么？

7）支持本组项目实现战略目标的核心能力是什么？

8) 本组项目在实现战略目标过程中的主要创新方向和创新内容是什么？

请同学们分享你们对战略规划的思考。

小组是否分享了我们的思考？　□是　　□否

> ✓ 我在小组工作中的贡献度，按小组整体为 100% 计算，我应该占_____%。

(9) 发展需求　发展需求是要阐明为更好地实现项目的战略规划、快速启动和推进，所需要的外部帮助和支持，以及在今后达成某些战略目标后，给予帮助和支持方的回报方式。这些往往体现在本组项目中的核心资源与伙伴网络两大要素上，但是其要支撑的是项目的价值主张、营销渠道、客户关系、核心业务和收入来源等。同学们可以借鉴 6 类创业资源的分类方法进行分析与阐述。

1) 资金需求：

我们需要投资方提供多少资金：

资金的主要用途是：

回报的方式是：

我们可提供的承诺是：

请同学们分享你们对资金需求的思考。

小组是否分享了我们的思考？　□是　　□否

> ✓ 我在小组工作中的贡献度，按小组整体为 100% 计算，我应该占_____%。

2）人才需求：

我们现阶段需要什么样的人才？

这些人才主要解决哪些问题？

我们对人才的吸引与激励措施是：

✔　我在小组工作中的贡献度，按小组整体为 100% 计算，我应该占_____%。

请同学们分享你们对人才需求的思考。

小组是否分享了我们的思考？　□是　　□否

3）物质需求

我们在哪些物质资源方面进行合作？

通过合作能推动项目的哪些方面？

我们能给合作方的回报方式是：

✔　我在小组工作中的贡献度，按小组整体为 100% 计算，我应该占_____%。

请同学们分享你们对物质需求的思考。

小组是否分享了我们的思考？　□是　　□否

4）技术需求：

我们需要哪些技术开发和支持？

这些技术开发和支持主要解决哪些问题？

我们对技术开发和支持的要求是：

我们对技术开发和支持的回报是：

✔　我在小组工作中的贡献度，按小组整体为 100% 计算，我应该占_____%。

请同学们分享你们对技术资源的思考。

小组是否分享了我们的思考？　□是　　□否

5）组织管理需求

我们需要完善哪些管理？

完善这些管理能给本组项目带来什么好处？

我们打算如何完善？

✔　我在小组工作中的贡献度，按小组整体为 100% 计算，我应该占_____%。

请同学们分享你们对组织管理的思考。

小组是否分享了我们的思考？　□是　　□否

三、创业计划的呈现与展示

1. 创业计划书是创业计划的载体，不论对外还是对内都需要在不同的场合对不同的对象进行展示和说明。用什么形式重点说明哪些内容是同学们要着重思考的。

2. 展示与说明创业计划的方式有文档方式、PPT方式、视频方式、对话方式等。适用于不同的场合与不同的对象。通过前面的训练，同学们基本掌握了较为完整的文档方式，这也是其他方式的基础。下面请各组在此基础上，讨论其他几种方式应把握的要点。通过这个练习，使团队成员增强对本组项目的理解和推介能力。

1) 用邮件方式发给投资人的项目 PPT，应把握的要点是什么。

请用同理心的方式，思考投资人最想看到的是什么？

投资人最想先看到的是什么？

投资人最想较为清晰地了解什么？

2) 使用 PPT，用5分钟对投资人进行路演的时候，如何展示项目？

请用同理心的方式，思考投资人最想看到的是什么？

投资人最想先看到的是什么？

投资人最想较为清晰看地了解什么？

投资人可能会问什么？

3）如何完成拍摄一个 1 分钟的视频，用于项目推介。

视频主要的内容是什么？

视频的风格是什么？

视频中是否应该有旁白或话术？内容是：

4）不借助任何工具，如何用 1 分钟向投资人说明你的项目？
限 200 字。

✓ 我在小组工作中的贡献度，按小组整体为 100% 计算，我应该占_____%。

请同学们分享你们对创业计划展示的思考。

小组是否分享了我们的思考？ □是 □否

四、课程作业

1. 知识性作业

（1）学习了创业计划的编制和创业计划书的编写，你认为创业计划对项目启动与推进有什么作用？

（2）参照创业计划的编制方法和逻辑，请完成一份你自己的就业计划。

（3）用什么方式能更好地展现你们组项目的核心竞争力？

（4）针对在路演中的项目展示，你有什么创新的方式？

（5）在创业计划书中，你会使用 PEST 法分析吗？如何使用？

（6）在创业计划书中，你会使用 SWOT 法分析吗？如何使用？

（7）在创业计划书中，你会使用波特五力法分析吗？如何使用？

（8）编写创业计划书时，你们小组是如何分工的？你对组员的评价是？

（9）你认为你们的创业计划书有充分的事实和数据支撑吗？如何丰富这些支撑？

2. 调研性作业

（1）针对你的研究样本，尽可能多地了解他们的情况，用不多于 15 页 PPT 对他们的公司或一个核心业务进行描述。

（2）研究样本的对接人对你的描述有何意见和建议。需要将你们的谈话（聊天）记录截图贴在作业本上；如果是面谈，需要附上你们的现场合影。

3. 实践性作业

（1）针对本组项目，完成路演 PPT 方式的展示制作。

（2）针对本组项目，完成 2 分钟视频的展示制作。

（3）将你们项目的创业计划书与你的导师交流，将导师的反馈记录下来。需要将你们的谈话（聊天）记录截图贴在作业本上；如果是面谈，需要附上你们的现场合影。

第十章　创业资金

本章知识点

本章教学目标

通过本章的学习使学生了解创业资金的用途，能够合理预计与分配创业启动资金，了解获取创业资金的渠道和方法。并可以对自己的生活和职业发展进行一定的财务规划。

一、创业需要多少钱

1. 同学们的双创项目是要解决市场上的问题或更好地满足需求，启动和推进项目是需要资金的，但是资金不能解决所有问题，正所谓"钱能解决的问题往往不是问题"，而资金确实能够推动问题的解决。在前面创业资源和创业计划的学习中，我们已经了解了一些创业资金对项目启动和推进的作用。现在请同学们各自思考并回答以下问题后，通过小组讨论达成对创业资金的共识。

(1) 资金能帮我们解决哪些问题？

(2) 这些问题出现在项目启动阶段还是推进阶段，具体列举说明：

(3) 没有完全解决这些问题，项目是否可以启动？

(4) 这些问题，有没有其他解决方式？

（5）拿出产品原型并完成原型的测试，是否不需要第三方的资金投入？

（6）本组的意见总结是：

✓ 我在小组工作中的贡献度，按小组整体为 100% 计算，我应该占_____%。

请同学们分享你们对创业资金的思考。

小组是否分享了我们的思考？　□是　　□否

2. 启动本组项目，需要多少钱。

（1）完成不少于 500 份的调查问卷和分析，需要的资金是：

（2）完成产品和服务的原型设计，需要的资金是：

（3）完成产品和服务的原型制作，需要的资金是：

（4）完成产品和服务的原型市场验证，不少于 100 个样本，需要的资金是：

（5）完成项目公司的工商注册，需要的资金是：

（6）本组项目是否需要实体办公场所，为什么需要？

（7）本组项目办公场所的最小支出是多少，计算依据是什么？

（8）本组项目启动市场推广的费用是多少，用于什么？

（9）本组项目的运营维护和日常工资需要支出哪些费用，年度需要多少？

（10）本组项目成员是否需要开工资，年度需要多少？

（11）本组项目是否需要公共费用，年度需要多少？

（12）本组项目启动的时候，年度合计需要多少费用？

（13）本组项目启动的时候，费用是否还可以压缩，压缩在哪里，最少需要多少？

✓　我在小组工作中的贡献度，按小组整体为 100% 计算，我应该占＿＿＿＿%。

请同学们分享你们对创业资金计划的思考。

小组是否分享了我们的思考？　　□是　　　□否

二、创业资金的来源

1. 创业的筹备与启动资金，往往来自自筹资金，也就是团队的小伙伴自己出钱。当然，这个钱可能是自己的积蓄，也可能是家庭成员或朋友的资助。那么请小组成员自己筹划一下，看看能否筹集到启动你们的项目，完成市场调查、原型设计、原型制作和原型验证所需要的资金。

（1）我自己最多能提供的资金是：

（2）我亲友最多能提供的资金是：

（3）我对亲友提供资金的回报是：

（4）我们小组总共能最多筹集到的资金是：

（5）我们能争取到学校的直接资金支持是：

（6）本组项目是否可以通过网络公开众筹的方式获取资金：

（7）本组项目的众筹方案是：

（8）我们能利用学校的资源和支持，减少哪些资金，减少多少？

（9）我们最终决定筹集的资金是：

✓　我在小组工作中的贡献度，按小组整体为 100% 计算，我应该占＿＿＿＿＿＿%。

（10）每人的出资额是：

请同学们分享你们创业启动资金的筹集方案与思考。
小组是否分享了我们的思考？　□是　　□否

2. 第三方投资是指项目团队获得非来自创业成员的外部资金，主要有风险投资、天使投资、创业扶持基金等，这些资金可能来自机构，也可能是来自个人。前提是他们认可你们的项目，愿意推动你们的项目并承担相应的风险。这就需要同学们了解这些资金的背景、投资方向、投资偏好与投资条件。

（1）我们学校对大学生创业有哪些支持？

（2）获取学校资金支持的方式有哪些，需要找哪个部门，申请程序是什么？

（3）我们学校有哪些校友创业基金，怎么获得？

（4）本组项目所处领域有哪些创投机构，他们的投资方向、投资偏好、投资条件、联络方式分别是什么，请找出不少于10家。

1）

2）

3）

4）

5）

6）

7）

8）

9)

✔ 我在小组工作中的贡献度，按小组整体为 100% 计算，我应该占_____%。

10)

请同学们分享你们筹集第三方资金的方案与思考。

小组是否分享了我们的思考？ □是 □否

3. 股权分配是成立公司的时候需要明确的事项。主要的考虑是团队成员的贡献度和出资多少，同时还要考虑对今后引进人才的股权激励和投资方进入的股权诉求。请同学们各自思考，提出自己的方案后，在小组内讨论，达成共识。

（1）我提供的资金是：

（2）我在项目筹备期的贡献是：

（3）我在项目启动期的贡献是：

（4）我在项目推进期可能的贡献是：

（5）我在项目团队中扮演的角色，以及在核心竞争力中的地位是：

（6）我建议我应占的股权是：

（7）我建议预留对今后团队的股权激励方式是：

（8）我们组最终达成的注册时股权分配比例是：

✔　我在小组工作中的贡献度，按小组整体为 100% 计算，我应该占＿＿＿＿＿%。

请同学们分享你们股权分配的方案与思考。

小组是否分享了我们的思考？　□是　　□否

三、课程作业

1. 知识性作业

（1）什么是风险投资？运作方式是什么？

（2）什么是创业投资？运作方式是什么？

（3）什么是创投基金？运作方式是什么？

（4）国家和地方支持大学生创业的政策有哪些，你们可以利用哪些？

（5）什么是众筹，运作方式是什么？

（6）请研读一份创投协议，提出你最关心的内容，为什么是这些内容？

（7）请说明股权与债权的区别？

（8）创业融资渠道都有哪些？

（9）在股权分配中，需要注意哪些事项才便于项目的启动和推进？

（10）如果股东退出，你们怎么处理他的股权，法律依据是什么？

2. 调研性作业

（1）针对你的研究样本，了解他们的股权构成和获取资金的方式。

（2）研究样本的对接人对你的描述有何意见和建议。需要将你们的谈话（聊天）记录截图贴在作业本上；如果是面谈，需要附上你们的现场合影。

3. 实践性作业

（1）针对本组项目，完成创业资金的筹集与融资计划。

（2）针对本组项目，设计股权结构和股东退出方式。

（3）将你们项目的创业资金筹集、融资计划和股权结构与你的导师交流，将导师的反馈记录下来。需要将你们的谈话（聊天）记录截图贴在作业本上；如果是面谈，需要附上你们的现场合影。

第十一章　创办企业

本章知识点

知识点 1　企业组织形式

知识点 2　影响企业选址的因素

知识点 3　企业组织结构定义

知识点 4　企业组织结构

知识点 5　新企业注册流程

本章教学目标

通过本章的学习让学生了解启动创业的各类事项，能够利用政策、公共服务和社会孵化服务等助推自己的项目。能够设计简单的管理制度，了解有关企业运作的法律常识。同时，可以利用所学深入了解专业领域和企业运作的特性，有助于自身的职业发展。

一、创办公司

1. 请同学们通过网络了解一个企业从注册到可以开始正式经营的全部流程。

第一步：

第二步：

第三步：

第四步：

第五步：

第六步：

第七步：

第八步：

其他：

请同学们分享你们了解的企业注册成立的流程。

小组是否分享了我们的思考？　□是　　□否

✔　我在小组工作中的贡献度，按小组整体为100%计算，我应该占＿＿＿＿＿%。

2. 在各级政府"放管服"的背景下，请同学们到附近一个开发区的公共事务办事大厅，了解如何能简化企业注册流程，政府提供了哪些服务。将你的收获与同学们分享。

（1）这里提供的服务有：

（2）这里拿到营业执照和相关许可的最短周期是：

（3）我们需要做的准备工作有：

（4）我对他们的建议是：

✔ 我在小组工作中的贡献度，按小组整体为 100% 计算，我应该占＿＿＿＿％。

请同学们分享你们了解的政府推动创业、对中小企业的服务内容。

小组是否分享了我们的思考？ □是 □否

3.各地方配合政府推动"大众创业万众创新"，成立了很多众创空间和孵化器，请小组同学们分别走访你们附近的众创空间和孵化器，看看如果你们入住到这里，能得到什么服务。

（1）他们提供的硬件服务有：

（2）他们提供的软件服务有：

（3）他们的入住条件是：

（4）已经入住团队对这里的评价是：

（5）他们能为本组项目直接或间接提供哪些资源？

（6）他们是否形成了具有产业特色的项目生态？描述一下这个生态：

（7）他们有哪些收费项目，价格如何？

（8）请从商业模式的各个要素出发，分析他们的前景：

（9）他们的核心竞争力是：

（10）他们的主要盈利来自哪里？

（11）他们是否适合本组项目的理由是：

✔ 我在小组工作中
的贡献度，按小组整
体为 100% 计算，我
应该占＿＿＿＿%。

请同学们分享你们对众创空间和孵化器的了解。

小组是否分享了我们的思考？　　□是　　□否

二、公司治理结构

所谓公司治理结构，就是公司为实现发展目标，公司所有者（股东）对公司的经营管理和绩改进行规划、监督、激励、控制和协调的一整套制度安排。它反映了决定公司发展方向和主要经营管理事项的各参与方之间的关系，主要体现为公司所有者与经营者之间的关系。一般情况下，公司治理结构是由股东大会、董事会和执行经理层等形成的具有一定相互作用的行为制度框架，它们依据法律赋予的权利、责任、利益相互分工，并相互制衡。请同学们通过对《公司法》的阅读，结合本组项目公司的实际情况进行以下思考。

（1）本组项目公司的经验范围：

（2）本组项目公司的董事会构成：

（3）本组项目公司的监事会构成：

(4) 执行董事或董事长的职责是：

(5) 总经理的职责是：

(6) 本组项目公司现有股东股权转让的要求是：

(7) 本组项目公司的最高决策机构是：

(8) 哪些重点事务需要最高决策机构进行决策：

(9) 决策采用的方式是：

✓ 我在小组工作中的贡献度，按小组整体为100%计算，我应该占_____%。

请同学们分享你们项目公司的治理结构。

小组是否分享了我们的思考？ □是 □否

三、公司的经营管理

1.在明确了公司的治理结构后，就要执行公司决策，推动公司实现战略目标和各阶段的业务规划，这就需要公司具有良好的经营管理体系和措施。

2.公司的经营管理和核心诉求是激发内部员工的活力，整合外部资源，使其都服务于公司的业务发展。这就需要梳理出公司的价值创造链，并建立保持价值创造链良性循环的激励机制与约束机制。

3.每一个企业都是在调研、设计、开发、生产、销售、储运、客服和相关内部支撑服务的过程中进行种种活动的集合体。所有这些活动可以用一个价值链来表明。"企业的价值创造是通过这一系列有层次、彼此关联的活动构成的，这些活动可分为业务活动和管理活动两类，业务活动包括调研、设计、开发、生产、销售、储运、客服等，管理活动包括财务、行政、人力资源等。这些互不相同但又相互关联的生产经营活动，构成了一家企业创造价值的动态过程，即价值创造链。请同学们根据本组项目，设计自己项目公司的价值创造链，明确每个环节的工作重点，并基于价值创造链进行初期的部门划分。创业项目在启动阶段，应该"精兵简政"，不宜设置过多的部门，形成过大的管理成本，应将重点放在产品的研发、服务的升级以及市场方面。

（1）本组项目调研环节的工作是：

（2）本组项目设计或策划环节的工作是：

（3）本组项目开发环节的工作是：

（4）本组项目生产环节的工作是：

（5）本组项目市场宣传推广环节的工作是：

（6）本组项目销售环节的工作是：

（7）本组项目储运物流环节的工作是：

（8）本组项目客服或售后环节的工作是：

（9）本组项目财务管理的工作是：

（10）本组项目办公行政管理的工作是：

（11）本组项目人力资源管理的工作是：

（12）本组项目公司拟设置的部门有，各部门的职能包括了哪些环节：

✔ 我在小组工作中的贡献度，按小组整体为 100% 计算，我应该占_____%。

请同学们分享你们项目公司的价值创造链和部门划分。

小组是否分享了我们的思考？　☐是　　☐否

4. 激励机制和约束机制都是为了保证公司业务更好发展而制定的制度性管理措施，主要是强化对人员的管理，激发员工的主观能动性，克服或限制对公司业务造成不良影响的行为。请小组讨论在你们项目启动阶段，建立哪些激励机制和约束机制才能更好地推进项目发展。

（1）在调动工作积极性方面，我们的激励与约束措施是：

（2）在保证工作进度方面，我们的激励与约束措施是：

（3）在保证工作质量方面，我们的激励与约束措施是：

（4）在开拓市场方面，我们的激励与约束措施是：

（5）在扩大销售，增加收益方面，我们的激励与约束措施是：

（6）在获取与整合资源方面，我们的激励与约束措施是：

（7）在知识产权保护方面，我们的激励与约束措施是：

（8）在团队文化建设方面，我们的激励与约束措施是：

（9）在人才引进与管理方面，我们的激励与约束措施是：

✔ 我在小组工作中的贡献度，按小组整体为 100% 计算，我应该占_____%。

请同学们分享你们项目公司激励机制与约束机制。

小组是否分享了我们的思考？　□是　　□否

四、课程作业

1. 知识性作业

（1）学习了创业计划的编制和创业计划书的编写，你认为创业计划对项目启动与推进有什么作用？

（2）参照创业计划的编制方法和逻辑，请完成一份你自己的"就业"计划。

（3）用什么方式能更好地展现你们组项目的核心竞争力？

（4）针对在路演中的项目展示，你有什么创新的方式？

（5）在创业计划书中，你会使用 PEST 法分析吗？如何使用？

（6）在创业计划书中，你会使用 SWOT 法分析吗？如何使用？

（7）在创业计划书中，你会使用波特五力法分析吗？如何使用？

（8）编写创业计划书时，你们小组是怎么分工的？你对组员的评价是？

(9) 你认为，你们的创业计划书有充分的事实和数据支撑吗？如何丰富这些支撑？

2. 调研性作业

(1) 针对你的研究样本，尽可能多地了解他们的情况，用不多于 15 页 PPT 对他们的公司或一个核心业务进行描述。

(2) 研究样本的对接人对你的描述有何意见和建议。需要将你们的谈话（聊天）记录截图贴在作业本上；如果是面谈，需要附上你们的现场合影。

3. 实践性作业

(1) 针对本组项目，完成路演 PPT 的展示制作。

(2) 针对本组项目，完成 2 分钟视频的展示制作。

(3) 将你们项目的创业计划书与你的导师交流，将导师的反馈记录下来。需要将你们的谈话（聊天）记录截图贴在作业本上；如果是面谈，需要附上你们的现场合影。

写在学习之后

【学习了吗】

这可能是不同于其他课程的学习历程。你坚持下来了吗？

你是带着问题来学习的。通过自己的努力和小组成员的协助，你在探寻此间的答案，很多答案没有绝对的对与错，因为这些答案只属于你，是你的思考、你的认知、你的感悟、你的智慧和你行为的结果。

如果你把此间的空白用自己的方式填满了，那么，你需要为自己喝彩，你完成了只属于你的学习历程。然而，这不是结束，只是开始。现在你再回看自己的学习痕迹，是否会发现你对那些问题有了新的认知、理解和看法，同时，会想到更多，更远。

如果是这样，你就是看到了自己的成长与成熟，看到了未来的你，看到了新的未知，看到了你的未来，继续学，继续在实践中探索吧，那将是你的人生。

没有开始的早晚，更没有结束的终点。

把这本书合上，才是真正打开了你自己的书。

【学得怎么样】

在前面的学习中，你给自己的累计分数是多少：

你觉得你在班里的表现与成绩如何：☐上游 ☐中上游 ☐中下游 ☐下游

你们小组总共分享了多少次：

你觉得你的小组在班里的表现如何：☐上游 ☐中上游 ☐中下游 ☐下游

你觉得你在小组的贡献度如何：☐60%以上 ☐40%~60% ☐20%~40% ☐20%以下

你的作业都完成了吗，质量怎么样，给自己的作业一个评价：

学得怎么样，是一个相对值。相对于你的同学，也相对于原来的你。不论你表现的是优秀还是一般，你都应把视野放到社会上，看到那些优秀的人是怎么工作和完善自我的。你学习的结果就是要与那些优秀的人为伍，你的起点是追赶他们。

【学到了什么】

对比课前你自己制定的学习目标，看看自己是否达成了这些目标，程度如何，有没有超越目标？

(1) 在专业学习方面的改善：

(2) 在生活方面的改善：

(3) 在就业思考方面的改善：

(4) 在个体成长方面的改善：

(5) 在创新创业实践方面的改善：

(6) 在课程成绩方面的表现：

(7) 在其他方面的改善与收获：

【课程寄语】

知识就在那里，不是因为老师讲了你才知道；是因为你学了，思考了，实践了，你才获得了。在这个过程中，老师帮助过你，小组同学帮助过你，导师帮助过你，你的研究样本帮助过你，本组项目的客户也帮助过你。那么，请你分别用不超过50个字的一段话，表达你学习后的想法吧。

【致老师】

【致同学】

【致导师】

【致研究样本对接人】

【致项目客户】

【致自己】

【致你爱的人或事】

参考文献

[1] 张玉利，等 . 创业管理 [M]. 4 版 . 北京：机械工业出版社，2016.

[2] TIMMONS J A , SPINELLI S. New Venture Creation:Entrepreneurship for the 21st Century(Vol.3)[M]. Homewood : Richard D.Irwin,1990.

[3] BOLTON BILL , THOMPSON JOHN. Entrepreneurs—Talent, Temperament and Opportunity [M]. 3rd ed. NY: Routledge, 2013.

[4] 谢洛德 . 企业家不是天生的：一种了解企业家的简单方法 [J]. 中外企业家，2007（1）:23.

[5] 孙洪义 . 创新创业基础 [M]. 北京：机械工业出版社，2016.

[6] SPINELLI STEPHEN,ADMS ROBERT J. New Venture Creation:Entrepreneurship for the 21st Century(Vol.9)[M]. NY: Irwin McGraw-Hill,2012.

[7] DORF RICHARD C , BYERS THOMAS H . Technology Ventures-From Idea to Enterprise [M].2nd ed. NY: McGraw-Hill Education,2008.

[8] 李家华，等 . 创业基础 [M].2 版 . 北京：北京师范大学出版社,2014.

[9] 张玉利，薛红志，陈寒松 . 创业管理 [M].4 版 . 北京：机械工业出版社,2013.

[10] 段锦云，王朋，朱月龙 . 创业动机研究：概念结构、影响因素和理论模型 [J]. 心理科学进展，2012,20（5）: 698-704

[11] 布鲁克斯 . 社会创业 [M]. 李华晶，译 . 北京：机械工业出版社，2009：13.

[12] 杰弗里蒂蒙斯，斯皮内利 . 创业学案例 [M]. 周伟民，吕长春，译 .6 版 . 北京：人民邮电出版社，2005：159-165.

[13] BUSENITZ MITCHELL R K , LANT L , MCDOUGALL T , et al . Toward a Theory of Entrepreneurial Cognition: Rethinking the People Side of Entrepreneurship Research [J]. Entrepreneurship Theory and Practice, 2002, 27(2) : 93-104.

[14] 张玉利，李政 . 创新时代的创业教育研究与实践 [M] . 北京：现代教育出版社，2006:15-21.

[15] MUMFORD M D Where Have We Been, Where Are We Going? Taking Stock in Creativity Research [J]. Creativity Research Journal, 2003 (15) : 107-120.

[16] STERNBERG ROBERT J. "Creativity" Cognitive Psychology [M]. 6th ed. Independence: Cengage Learn-

ing, 2011：479.

[17] TORRANCE PAUL. Verbal Tests , Forms A and B-Figural Tests, Forms A and B [M]. Wichita: Personnel Press, 1974.

[18] WALLIS.GRAHAM. The Art of Thought [M]. NY: Harcourt, Brace, 1926.

[19] 熊彼特.熊彼特：经济发展理论 [M].邹建平，译.北京：中国画报出版社，2012.

[20] BALCKWELL A H , MANAR E. UXL Encyclopedia of Science [M].NY:UXL，2015.

[21] 甄玉金.世界贸易组织法律实用词典 [M].北京：中国商业出版社，2003.

[22] KOSTER S. Spin-off Firms and Individual Start-ups, Are They really Different?[R].The 44th ERSA Conference , 2004：25-29.

[23] 毕海德.新企业的起源与演进 [M].魏如山，译.北京：中国人民大学出版社，2004.

[24] CHIMIAN BRUYAT , ANDRE JULIEN P. Defining the Field of Research in Entrepreneurship [J]. Journal of Business Venturing, 2001, 16(2):165-180.

[25] 德鲁克.创新与企业家精神 [M].蔡文燕，译.北京：机械工业出版社，2007.

[26] MAURYA ASH. 精益创业实战 [M].张玳，译.2 版.北京：人民邮电出版社，2013.

[27] 魏炜，朱武祥.发现商业模式 [M].北京：机械工业出版社，2013.

[28] 马萨内尔，里卡特.在竞争中设计商业模式 [J].哈弗商业评论（中文版），2011（7）：121-130.

[29] SCHJOEDT LEON , KRAUS SASCHA . Entrepreneurial Teams: Definition and Performance Factors [J]. Management Research News, 2009 (32)：6：513-524.

[30] WASSERMAN NOAM . The Foundeder's Dilemmas: Anticipating and Avoiding the Pitfalls That Can Sink a Startup [M]. Princeton: Princeton University Press,2012.